为了人与书的相遇

设计与真理

［美］罗伯特·格鲁丁 著
袁璟 译

中国美术学院出版社
·杭州·

目录

一　向千利休致敬：设计，真相，力量

1　千利休与创新的悖论

> 当人们试图通过一系列行为改变现状以调整至更佳状态，他便是在进行设计。因此，每个人都在设计。这种智力活动制造的实质产物，从根本而言，无异于为病人开的处方，为公司策划的新销售计划，或是为国家制定的社会福利政策。
>
> 赫伯特·西蒙[1]

16 世纪，丰臣秀吉已经完成统御日本的大业，他邀请颇具名望的千利休参加自己在清见寺开设的茶会。彼时，千利休已是广为人知的日本茶道大师。不仅如此，他还被当作是一代伟人，备受世人敬仰，甚至连天皇都嫉妒他所得到的尊重。千利休接受了邀请，却并未如期出现在丰臣秀吉的宫殿。丰臣秀吉等了又等，思忖着究竟

[1] Herbert Simon [1916—2001]：美国经济学家，在管理学、经济学、组织行为学、心理学、政治学、社会学、计算机科学等方面都有较深的造诣，是唯一一位因管理方面的研究获得诺贝尔经济学奖的人。——译注。本书所有译注均为页下注，编号以方括号标明。

是什么让他久未现身？

当千利休最终来到茶会，丰臣秀吉试探着问他为何姗姗来迟。千利休答道，他一直在喝茶。这般不拘礼节的回答对于这位易怒的将军而言，已然是大不敬。于是，丰臣秀吉夺过千利休随身携带的竹制长柄勺，并将其摔成两半。对千利休而言，那个长柄勺已经成为一种标志性的东西。那是千利休的老师赠予他的礼物，象征着"侘茶"这种设计低调的修辞美学。然而，对丰臣秀吉而言，长柄勺却是另一种象征：受礼教约束之人的弱小性。

两人之间的裂痕很快愈加扩大。对于茶道，千利休执着于创造一种简洁、平等以及朴素的文化，而这恰恰与丰臣秀吉对奢华茶会的热情形成冲突。丰臣秀吉试图通过茶会彰显自己的权威，从而使茶道成为凸显华美、奢侈以及社会等级差异的手段。然而，千利休的名望及影响力时刻威胁着丰臣秀吉的信心。于是，1591 年的春天，这个独裁者命令千利休这名设计者自杀。千利休别无选择，只得服从。[1]

设计是人类技能最为纯粹的演练。在设计宝库中添加一种新的器具或程序，无异于推进自然的演化过程。每一项新的设计都是一次崭新的发现，向我们传达着关于人与自然以及人与人之间的某种特定的真理。在千利休过世后，他的设计产生了巨大的影响。通过对茶道的重新设计，他创造了一种获取真理的社交手段：茶道成为了人际交流的媒介，在这过程中，人们可以以一种简单明了的方式，互相交换有用的知识，而不受外在影响的干扰，如社会等级等等。千利休在自己的俳句中表达了这种基于知识的革新所具有的意义：

耻于下问的人们应抛弃羞耻感，继续追问。

千利休对茶道进行的改革，为日本迈入现代社会提供了一种文化的起源。但不幸的是，他的创造力却未能立刻转化成政治推动力。尽管他拥有超然杰出的精神，却依然不得不受制于一个矜名嫉能的将军。也许，他只有通过殉道般的方式，才能将他想要传递的信息镌刻在他所身处的世界之上。[2]类似这种具有讽刺意味的事，几乎所有的设计师都会遇到。无论他们的愿望多么宏伟，都要仰仗当权者的意愿。而权力，或许能够匡正好设计的真理，相反，也可能使设计沦为编织谎言的机器。

千利休的故事对设计的本质及范畴提出了诸多质疑：它如何与政治及经济语境产生联系？设计是否有着特定的范畴？它是否在我们所有人的生活中发挥功效？人类的互动究竟在多大程度上依据创造性原则进行设计？我们的生活是否依赖于他人的设计？如果是的话，我们是否能设计出“一条道路”通向自身的自由？

为了阐述这些问题，我们首先必须领会设计在人类经验这一语境，或者说在人们各自经历的语境中所起的作用。

我们可以从关于“设计做什么”的工作定义开始。

设计对能量进行塑形、规范并引导，使力量能够有条不紊地发挥效用。在房屋的设计中，被打造及引导的能量便是在门廊、窗户和居室间流动的空气和光线，以及居住其中的人们。说到汽车的设计，能量便是动力传动装置和乘客。而在一项方案或者一件艺术品中，设计面临的能量则是意义。

设计当然也拥有它们自身的意义。每一项得以实现的设计都是体认型知识的一种模式，而大多数这类知识很容易便能转化为言语。服装设计和汽车设计便被看作是某种“声明”的体现，而地区性的建筑风格则经常被称为“本土的”。这些意义可能会对设计需要调整和引导的能量产生强化或者抑制的作用。设计能够将能量的本质体现得淋漓尽致，譬如捷豹 XKE［1961—1968］；相反，设计也会出于对大众市场的一味追求而忽略这些本质，正如福特艾德赛尔［1958—1960］所体现的。这样的变化源自于设计始终在创造力和经济性之间斡旋。一项特定的设计所制造出的能量场域将必然被置于一个更庞大的能量场域之中，那就是市场。

设计在市场中所处的位置使它拥有了某种深刻的道德特质。在伦理范畴的一端，设计可以如缪斯般存在，而另一端，它也可能沦为娼妓。我们已经领略了千利休的悲剧性。在本书中，我们还将对其他一些极端例子进行考量：

> 1525 年，曼图阿［Mantua］的统治者费德里科二世·贡萨加［Federico II of Gonzaga］命令艺术家朱利奥·罗马诺[1]在毗邻城市的一处湿地上打造一座名为德泰宫[2]的宫殿。费德里科允诺朱利奥可以尽情释放他丰富的想象力。于是，朱利奥和他的工人们花费八年时间完成了这件让人啧啧称奇的艺术作品。这

[1] Giulio Romano [1499—1546]：意大利画家、建筑家。拉斐尔的学生。德泰宫是他的杰作。

[2] Palazzo Te：当地世袭统治者贡萨加家族继承人费德里科·贡萨加和他情妇的别墅。

个宫殿充满着变化和惊奇，却始终忠于唯一的美学意识。从朱利奥的杰作，仍然能看出他是在对意大利文艺复兴所具备的想象和眼界致敬。

1962年，纽约市港务局聘请建筑师山崎实[1]设计建筑世界贸易中心。经过细致的调查研究，山崎提出了一项大型建筑群的方案，这一方案将使彼时的曼哈顿下城区呈现出优雅的空中轮廓。然而，港务局却否决了这个提案并要求更为雄伟的建筑。山崎顺从了这个决定，结果在曼哈顿便出现了直冲天际的双子楼，不仅存在安全隐患，更是冒犯了伊斯兰激进主义者，在2001年，伴随着灾难性的人员伤亡，他的杰作毁于一旦。

设计始终服务于它所立足的政治环境。在一个开明的市场中，好设计享有至上的权威，而在一个低劣的市场环境中，设计无非有两种境遇：被彻底忽视或被粗鲁地扭曲，有时甚至到了几近荒诞的地步。

政治虽然外显为市场，本身实则依附于设计。尽管我们通常不会将法律和文化范式当作设计加以讨论，但事实上，庞大人口所具有的共同特征正是以它们作为蓝图被打造而成，同时，人们的能量也由此被引至特定的方向。美国宪法从设计的角度而言，就相当于捷豹XKE和德泰宫，因为它们解放了人类的能量，并给予人类最

[1] Yamasaki Minoru [1912—1986]：日裔美国建筑师，其典雅主义建筑风格具有正统、古典、高雅的格调。代表作品包括纽约世界贸易中心大厦、沙特阿拉伯达兰机场候机楼。

大限度的选择。而在丰臣秀吉的主导下形成的文化则与福特艾德赛尔相仿，它以拙劣的策略和单一的范式将人们的意愿加以囚禁。正如当我们讨论艺术和文学作品时会发现某些共通之处，我们也会注意到公司或者基金会的一些多样设计。在很大程度上，正是这些被表达的或者被颁布的理念，即我们称之为“知识设计”的组成部分，激发或者抑制着特定文化所拥有的能量。

它所具有的权威仿佛正是由自然所拥有的能量与自然造就的，以至于亿万人仍然相信它的神奇来自于一个“伟大的设计师”。尽管铺天盖地的证据都力图对抗这一定论，但宇宙秩序是如此非凡，从它自身不断地激发并创造着使人敬畏的力量。由于其丰富的多样性以及不断迸发的精神能量，自然已经激励了无数人类设计师。甚至，自然还会对我们的设计进行考验，并对那些未能紧跟变化步伐的设计做出强烈的控诉。

而对我来说，设计在心理及道德层面所拥有的力量才是我最为关注的部分。相对于设计所具有的众多潜在的复杂性，设计这个行为所蕴含的某些原始的、本质的东西，比其他任何行为都更能引领我们与自身的自然相连接。设计从根本上就具有人类属性，以至于我们这个物种曾经被称为“工匠人”[人类造物者]，这一称号恰恰暗示着任何历史因素都无法让人类脱离改造世界的严谨程序。同样，设计也是人类自由的一个基本媒介，我们必须设计自己的生活，否则就要让自己服从于他人的设计。

设计这一行为，无论其对象如何微不足道，都可以让人体会到自由和再生。我自己的一次简单设计是为了修理损坏了的电视遥控器而打造的工具，这样的一次设计将我从无用的怒火中解救出来。这无疑将成为示例，即在一个充满了不知所措与灰心丧气的消费者世界中，设计将具有怎样的治愈力。还有更为严肃的例子，我们可以看到巴尔达萨雷·卡斯蒂廖内[1]的成就，他所设计的社会媒介使自己的国家脱离封建社会，迈入了现代世界；而来自乔尔乔·瓦萨里[2]的成就，则给予了我们最早的关于设计的现代理论；托马斯·杰斐逊［Thomas Jefferson］以自己的个人生涯和工作，向我们展示了如何以设计者的姿态对待他所接触到的问题。除了以上这些例子，还有很多其他事例将向我们证明，设计作为一种能实际生效的态度以及一种具有价值的操作策略，可以让个人的生命富于意义，更让人们以全新的自由姿态对待个人或者职业问题。对于这个研究，我有个更为主要的目的，那就是将设计从那些公司占有性的掌控中解放出来，并且尽可能地把它交还到个人手中。

最终，我们将面对设计与真相之间的关系。因为我们的设计将传达一致的意义，并且因为这些设计将我们与世界连接在一起，它们必须将世界的真相告知我们，并将关于我们的真相传达给世界。一把设计良好的锄头会将真相传达给土地，那就是它能破土，而反过来，它也告诉我们关于土地的真相。这同样可以应用于任何一项发明，无论它是机械制造的，比如一辆汽车；还是智慧的产物，比

[1] Baldassare Castiglione [1478—1529]：意大利作家。最著名的作品是对话录《侍臣论》，使他成为 16 世纪研究贵族礼仪的权威。

[2] Giorgio Vasari [1512—1574]：意大利文艺复兴时期著名艺术家、美术史家。《名人传》一书的作者。1562 年创立了迪亚诺学院，被誉为世界美术教育奠基人。

如一次演讲。好的设计让我们诚实面对世界，并与之产生有效的连接，差的设计则可能因为认知不足或不正当的破坏性策略而纰漏百出。如果说好的设计会揭示真相，那么差的设计则像是在说谎，而谎言无论如何都只能与权力的掠夺或滥用联系在一起。

我在本书中的文章共分为两个部分。在第一部分［向千利休致敬：设计、真相和权力］中，我将着重讨论在现实世界的市场环境中遭受重压的设计，并且验证“好设计揭示真相”这一论点。在第二部分［向瓦萨里致敬：设计、知识与能量］中，我将对某些人类活动与设计原则的关系进行考证，通常在这些领域中设计几乎不被提及。我将会以此进一步探究设计在心理学及社会动力学中的功效。我会从艺术心理学开始，不断扩大范畴，这些思考将最终引向设计最为核心的部分，即我们究竟如何有意识或无意识地设计我们的精神世界。

［作者注］

引语：

Herbert Simon,“The Science of Design: Creating the Artificial”，收编于 Simon, *Creating the Artificial*（Cabridge: MIT Press，1969）。Simon 的这一论述被反复引用，特别是 Victor Margolin 在 *Design Discourse*（Chicago: Unicersity of Chicago, 1989） 第 3 页中的引用。Margolin 还在最近的 *The Politics of the Artigicial*（Chicago: Unicersity of Chicago，2002）第 107 页中重申这一概念，并将其作为有关设计的历史及理论研究中不可或缺的一部分。

1 关于长柄勺的故事，参见 Oliver Statler, *Japanese Inn*（Honolulu: Unicersity of Hawii

Press，1961），32f。被更广泛传播的著作是 Herbert Plutschow, *Rediscovering Rikyu and the Beginning of the Japanese Tea Ceremony*（Folkestone, UK: Global Oriental，2003）。

2 Plutschow 在 *Rediscovering Rikyu* 第 16 页中告诉我们，千利休的“悲剧性的死亡使其成为毫无争议的茶的守护神”。

2 好设计揭示真相

让我们来比较以下两种观点，它们分别出自两位著名现代设计师的阐述：

> 在公路上用涂了蜡的纸杯喝水与用一个水晶高脚杯喝水，是两种含义不同的行为。前者让你在喝水的时候，几乎忘了自身的存在；而后者……让你在那一瞬间意识到，自己手中握着的是一种器具，令你对自己彼时的生活方式进行反思。1

伊姆斯夫妇所设计的家具中最广为人知的也许就是伊姆斯休闲椅了。它们不仅在数以千计的起居室、书房、图书馆和各种据点中成为理想之座，也在纽约当代美术馆的永久收藏中占有一席之地。查尔斯·伊姆斯[1]对于这款椅子其实并没有多么

[1] Charles Eames [1907—1978]：20世纪美国设计师、建筑师、发明家、科学家、电影人。以设计一系列平民化的廉价椅子闻名，将结构、功能、心理、美学以及文化等诸多问题结合起来，贯穿于产品设计的各个方面。

崇高的愿望，只希望“它就像是一垒手用旧了的棒球手套，给人带来温暖包容的感觉”。2

这两种观点正代表了设计理论与实践的两个极端。对埃托·索特萨斯[1]而言，设计必须做出宣言，来为实际使用提供兴奋感和尊严；而查尔斯·伊姆斯则认为，设计应该从使用本身来获得定义和尊严。索特萨斯在形式与功能中，更偏向于形式；而伊姆斯则指出设计所体现的功能性本身便是一种最纯粹的形式。尽管形式—功能的话题似乎太过学术，但对它的实际应用却会制造出戏剧般的结果，尤其是那些涉及公共政治表现的设计。

在巴黎的设计碰撞

多年前，某个和煦的夏夜，我在巴黎骑摩托带着一位朋友准备穿过卢浮宫左侧的一个短隧道，去往卡尔塞广场。当时我以 30 迈的速度在快车道行驶。当我左转进入弯道时，瞬间看到了一辆汽车车尾的大特写，这辆车在我行驶的车道上突然熄火了。我完全没有时间急速转开、刹车或祈祷。幸运的是，当摩托车撞进汽车的时候，手把承受了大部分的撞击力，并立刻在我手中扭曲成奇怪的样

[1] Ettore Sottsass [1917—2007]：意大利著名设计师、建筑家。设计作品包括家具、首饰、玻璃制品、灯具和办公家具等，范围广泛。孟菲斯集团的主要成员之一，提倡“新设计”“激进设计”风格。

子，这减缓了我向前冲击的速度，让我免遭骨折之灾。另一重幸运在于，当我的膝盖和肘关节撞击汽车的轻金属外壳时，汽车外壳当即弯曲变形了。

这辆汽车的另一个设计特征也给我的乘客吉姆·布雷斯特德［Jim Breasted］带去好运。他在撞击的瞬间越过我的身子飞了出去，滚过汽车的车顶掉在了前方的路面上。身为一名滑雪运动员，他懂得如何在摔倒过程中保护自己，因此只是有些晕眩，却幸运地没有受伤。那辆汽车的织布车顶、轻金属外壳和圆弧形车身，都缓冲了他向下坠落的力度。这些结果都是非常偶然并值得庆幸的，否则这样的撞击原本可能会造成一场灾难。而第三个令人惊奇的结果则完全不是偶然。那辆汽车几乎全毁了。摩托车的前胎撞进了汽车外壳并使它产生几乎不可恢复的变形，然后摩托车弹了回来，只是车胎扁了而已。

为什么说这并非偶然呢？让我们来看看这两辆交通工具。我的摩托车是1956年产的Norton Dominator 99[1]，号称“英国摩托车王子”。它经过坚固的打造并具有近乎完美的平衡结构，流线型的设计仿佛在人们耳边轻诉：晴朗的天气、空旷的公路和呼啸而过的风声。Norton Dominator 在设计界引起了极大轰动，以至于法国总统夏尔·戴高乐［Charles de Gaulle］曾经为他的仪仗队订购了至少

[1] Norton Dominator 99：由世界上最古老的摩托车品牌之一、英国 Norton 公司于 1947 至 1948 年间生产，由伯特·霍普伍德 [Bert Hopwood] 设计。

霍华德·洛尔 [Howard Rower] 跨坐在作者的 Norton Dominator 上。圣哥达山口 [St.Gotthard Pass]，瑞士，1960 年夏。照片为作者拍摄。

12 辆。而那辆汽车是雪铁龙 2CV[1]，大众“甲壳虫”的法国版，但是与甲壳虫相比，外形设计却更像是莲花汽车的车型，不伦不类，显得丑陋不堪。考虑到市场推广度和经济性，2CV 采用了轻型材料制造。性能、舒适度、美观和安全性都不是设计这款车时优先考虑的因素，而且它也从未经过撞击测试，只是看上去很结实罢了。3

于是，那次 Norton Dominator 与 2CV 的激烈碰撞似乎象征着功能与形式这两名重要选手的正面交锋，而这两者之间的博弈是所有设计都会遇到的典型问题。2CV 是功能凌驾于形式掌握支配权的典型，“便宜且可靠的运输工具”这一产品理念优先于所有关联的设计。强调功能性的设计案例还有很多，包括莱维敦［Levittown］和其他低价住宅建设、军事及其他机构的科技，以及大部分手工工具。而另一方，Norton 则是形式与功能的完美结合，是一个综合产物，它优美的设计不仅启发了卓越的功能，并且在实际使用中得到彰显。像这样令人愉快的融合也有很多实例，如丰田普锐斯［Toyota Prius］、塔科尼克大道［Taconic State Parkway］、卡西欧［Casio］G-Shock 原版手表，以及最后值得一提的是，巴黎的长棍面包。

那么，“消失”的另一端，也就是形式超越功能成为专制的情况又如何呢？为了更好地说明这种情况，我们可以看看福特艾德赛尔这个略显陈旧却依然具有说服力的案例。1958 年，福特汽车公

[1] Citroen 2CV：由雪铁龙创始人安德烈·雪铁龙提出设计构想，于 1939 年投放市场，是一款廉价的大众化汽车。

司推出了艾德赛尔系列汽车，以此争取中等价位的水星［Mercury］与高价位的林肯［Lincoln］之间的市场份额。由于福特迫切需要制造轰动以提高销售量，便启动了艾德赛尔的设计。倘若直接挪用欧洲制造商的某个车款，福特或许已经成功地制造出舒适且性能良好的汽车。但是这次，福特决定测试下底特律市民对大众市场“战舰”的界限。

据悉，艾德赛尔面世时有两种规格，“大型”和“特大型”。较大的那款车重达两吨以上，重量主要来自它庞大的车身。这个庞大的车身看上去就像是松松地垂挂在一个相对紧凑的车架上一样。从侧面看过去，整辆车如同一艘宇宙飞船。车尾被巨大的鸥翼形刹车灯霸占，夸张地显示出它们的一无是处。而前端，配上车头灯，看上去就像是女性身体的一部分。

艾德赛尔的设计，与同时期很多美国汽车的设计一样，向我们传达了两个明确的信息。首先，从《我爱露西》［*I Love Lucy*］、《流行排行榜》［*Your Hit Parade*］等影视作品来看，在好莱坞制造的幻想世界中，功能是无关紧要的。道路平坦无碍，而驾驶本身也尽可能地让人难以察觉到“驾驶”这个行为［比如汽车配有自选按钮启动装置］的存在。第二个信息则是美国消费者关于形式美的理念，与其说来自于他们的日常生活，不如说更多地来自于他们青春期梦想中的那些对于富余物质及至高权力的渴望，譬如他们会说：“你永远不可能拥有一座宫殿，但你可以开着车在里面兜风。”也正是这类信息让人们数十年不变地对底特律保持高涨的热情。

但是，无论是福特公司内部还是外界，都认为福特在设计上走得太过。副总裁罗伯特·麦克纳马拉[1]就对艾德赛尔系列没有兴趣，只给予了微不足道的支持。艾德赛尔的销量未如预期的那样稳步上升，1959年经销商们开始退出。1960年，福特卖出了最后一辆艾德赛尔，这也是我的Norton与2CV相撞的那年。[4]

雪铁龙2CV、Norton Dominator和艾德赛尔这三款设计中，艾德赛尔应该是最值得我们郑重讨论的。2CV所产生的效应极易理解，那可以说是最基本的经济生存战略。而Norton Dominator效应的理论线索则可以追溯到1896年建筑师路易斯·沙利文[2]所写的有关“形式追随功能”的论述。[5]这一原则早已成为设计学习必不可少的一项。但是艾德赛尔，以及它那有着解剖学象征意味的气格栅，依然是个谜团，并尚待探究。那么，明知道好设计的制作成本更低、售价更低廉，并且使用更长久，人们又为何要过度设计呢？让我们从两个简单的假说开始：

> 如果说，设计本身是社会交流的一种媒介，那么过度设计便是交流发生功能性障碍的一种症状。
>
> 如果说，设计本身正如大家普遍认知的那样，是一种修辞，那么过度设计便是某种权力使然，对修辞的一种投机式滥用。

---

[1] Robert McNamara [1916—2009]：美国“二战”时期的战地指挥官、福特汽车公司第一位非福特家族的公司总裁，以及肯尼迪及约翰逊政府的国防部长。

[2] Louis Sullivan [1856—1924]：芝加哥学派建筑师。他是第一批设计摩天大楼的美国建筑师之一，在美国现代建筑革新中起过重要作用。

艾德赛尔为这两个假说提供了实质性的支持。在1950年代中期，尽管汽车工业尚处在发展中阶段，汽车和司机形成的力量已经在美国经济中尤为显眼，其汹涌态势甚至超越了21世纪初的汽车工业。当时的广告宣传和繁盛的物质享受让大多数美国消费者坚信"大即是美"。于是，那些大车型、高耗油的"烧钱"汽车都获得了非常可观的利益。底特律汽车工业采用过度设计的原因就在于，过度设计就像是一棵摇钱树。诚然，艾德赛尔就像是一座"太长的桥"一样用力过度，但尽管如此，它的存在却直指人们过剩的欲望。在底特律称霸美国汽车市场的所谓"底特律时代"期间，这种过剩的欲望驱使人们对安全性、精良的工程技术、经济性、美观，以及好品位过分追捧、夸耀。艾德赛尔或许只能被看作是一辆科幻交通工具，但它倒也不失为虚构市场的一个例证：这是一种由国家意识的自我夸大及假想发展而来的市场需求。而这种思维模式从未远离，到2009年为止，它的存在已导致底特律2/3的汽车公司面临破产绝境。

过度设计与公共政策

有趣的是，建筑界的过度设计向我们展示了与艾德赛尔相仿的路径。第一个例子来自文艺复兴时期的罗马，是梵蒂冈圣彼得大教堂的重建工程。关于教堂重建的设计，罗马教皇与建筑师们用了数十年的时间争论、商讨并绘制草图，再不断推翻重画。米开朗基罗

[Michelangelo di Lodovico Buonarroti Simoni] 于 1546 年开始负责这项工程，他选用了才华横溢的多纳托·布拉曼特[1]在多年前提交的设计。按照这个设计，教堂将以希腊十字架形状为基础，打造出一幢完美对称的建筑，并覆以巨大的圆屋顶。

直至 1564 年米开朗基罗过世，教堂的重建工程仍未完成，他的继任者贾科莫·德拉·波尔塔[2]仍旧花费心力去实现米开朗基罗的计划，但却面临教皇的政策变化。教皇保罗五世 [Pope Paul V, 1605—1621 年在位] 为了宣扬罗马的霸主地位和教皇的权势，决定将圣彼得大教堂建造成世界上最大的教堂。1606 年，他委派卡洛·马代尔诺[3]在原设计的基础上加建长距离的中殿，朝向圣彼得广场。到 1626 年大教堂落成为止，布拉曼特和米开朗基罗原本独特而优美的设计已经被扩张成了一座巴洛克式的“谷仓”，而这仅仅是为了让罗马帝国和教皇能够以此为象征，向世人宣告他们所拥有的中央霸权。6

圣彼得大教堂的事例向我们证明，当形式被赋予极为强势的权力后，它极有可能与本身应有的功能全然背道而驰。教堂在名义上是人们进行礼拜的地方，在这个事例中却成了当时的强权机器。而这种将设计视为权力的思维方式，也被纳粹建筑师阿尔伯特·斯佩尔[4]照单全收，他在视察完圣彼得大教堂后不久，便启动了他个人

[1] Donato Bramante [1444—1514]：意大利文艺复兴时期著名的画家、建筑师。

[2] Giacomo della Porta [1533—1602]：意大利建筑家、雕塑家。著名作品有罗马纳沃那广场、摩尔人喷泉、海神喷泉和罗马人民广场。

[3] Carlo Maderno [1556—1629]：罗马建筑师。巴洛克建筑风格的先驱。

[4] Albert Speer [1905—1981]：德国建筑师，在纳粹德国时期成为装备部长及帝国经济领导人，在后来的纽伦堡审判中成为主要战犯。

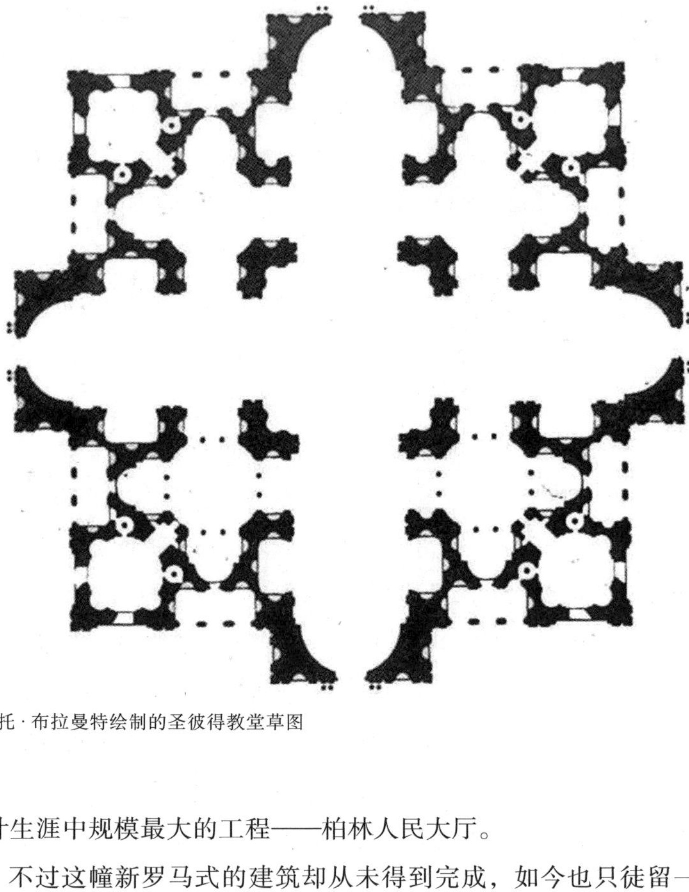

多纳托·布拉曼特绘制的圣彼得教堂草图

设计生涯中规模最大的工程——柏林人民大厅。

不过这幢新罗马式的建筑却从未得到完成，如今也只徒留一座模型。按照设计模型，这栋建筑的内部空间容纳四个圣彼得大教堂尚且绰绰有余。圆顶式的屋顶距离地面足有1000多英尺，并有一个与圣彼得大教堂圆顶同样尺寸的灯笼悬挂其上。阿道夫·希特勒［他自视艺术家并对建筑研究格外钟爱］也热心地参与到设计过程中。

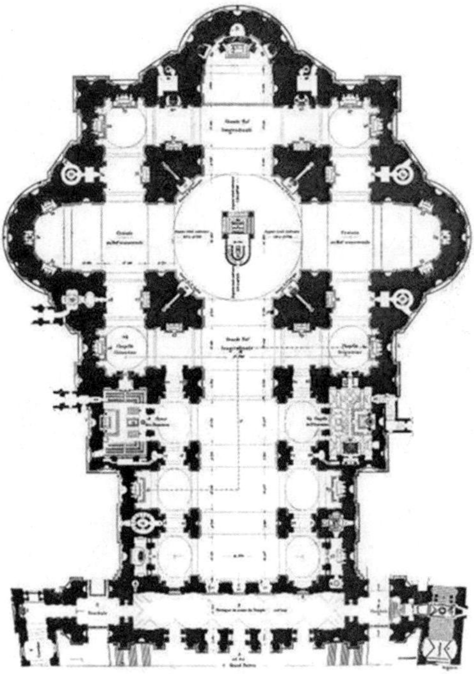

卡洛·马代尔诺绘制的圣彼得教堂草图

毕竟，无论多么惊世骇俗的时尚，都比不过用古罗马式的巨型建筑作为象征，更能彰显他的绝对权力吧。希特勒唯一担心的是斯大林或许会兴建更巨大的建筑。[7]

这又让我们想起埃托·索特萨斯和查尔斯·伊姆斯。索特萨斯与教皇保罗五世、阿尔伯特·斯佩尔以及福特汽车公司，应该在同一个阵营吧。他将形式［那个水晶酒杯］定性为设计中一个压倒性的甚至关乎存亡的因素，不管他是否愿意，他已经臣服于作为权力的修辞。因此，他坚定地投身于“装饰性”设计的传统，这一传统最极端的表现便是完全没有功能的形式［剑与盾仅仅为了摆样子，花瓶则不装置任何东西，而“开放厨房”不是为了使用而建造］。在伊姆斯的思考中，形式与功能的关系则完全不同，这与 Norton Dominator 是在同一条阵线上的。当他赋予自己的椅子那“就像是一垒手用旧了的棒球手套，给人带去温暖包容感”的外形时，便意在暗示形式应成为功能最忠实的广告宣传，甚至直达使用本身所具有的交流层面。而这并不意味着他在设计时没有关注外观美。他只是单纯地认识到最高层次的美的表现，其实是对于自然行为的陈述或反应。[8]

设计作为文化劫持：贝聿铭、塞拉、克里斯多、盖里

在艾德赛尔、圣彼得大教堂和斯佩尔的人民大厅这三个案例中，我们都看到过度设计成了公司或体制权力的某种修辞。现在让我们转向另外四位设计师，他们以一种违背常理的方式重新定义了公共空间，而使他们自己的艺术成为了人们关注的焦点。

当初来乍到者走进贝聿铭[1]设计的华盛顿国家美术馆东馆时很可能会问:“这太让人印象深刻了，但是究竟是谁偷了藏品呢？”这

[1] 贝聿铭［1917— ］：美籍华人建筑师，代表建筑有美国华盛顿国家美术馆东馆、法国巴黎卢浮宫扩建工程，被誉为“现代建筑的最后大师”。

个问题的答案也许更令人费解，因为仅从象征意义上来说，是贝聿铭自己偷了藏品。走进馆内，他的设计猛地跃入眼帘，强烈的视觉侵袭将人们的注意力从馆内相对小型的艺术品上完全“窃取”过来。那么，我们如何定义贝聿铭的建筑表现呢？此时，专业的建筑词汇便显得不如演讲修辞更具说服力。设计一幢公共建筑，其成效在于传达一个公共信息。博物馆是为保存艺术而建造的，贝聿铭设计的美术馆所应该传达的这一信息，就这样被淹没在修辞之中。

当然，除非修辞便是信息本身。这是不是晚年的贝聿铭在为自己设计纪念作品呢？又或者他暗示的是建筑本身超越了内部容纳的任何艺术，拥有绝对优势？无论是哪种情况，或者两种情况并立，他都给我们留下了形式远远超越功能的印象。

这种超越在理查德·塞拉[1]的作品中得到进一步扩展。1981年，他在联邦广场完成了120英尺长的雕塑《倾斜的弧》[*Titled Arc*]。这个低矮、完全平铺的结构，几乎摧毁了广场的行人通行功能，这明显取决于塞拉这件作品所隐含的意图。还有什么会比这样一个极具侵略性的雕塑屏障，更能让人理解“艺术家赋权高于大众”这一理念呢？但是，这个来自作品的陈述显然未被信服，公众持续不断地对其抨击抗议，直到1989年这个雕塑被拆除，而同一年倒塌的还有柏林墙。

让我们再来看看另一个艺术家主导的过度设计的例子，这个就

[1] Richard Serra [1939—]：极简主义雕塑大师，以金属板材组合大型雕塑作品闻名。

显得没那么骇人了。2005年，克里斯多与珍妮·克劳德夫妇[1]在纽约中央公园完成了一系列门的装置。匈牙利艺术家克里斯多很早就发现，绝大多数的公共艺术都不过是某些缺乏创新的大量复制，而他则决定以一种幽默并富有达达主义风格的大胆尝试，对这样的现实进行攻击。他标榜自己为前卫极简主义者，并开启了一系列大范围的包裹公共空间的装置创作。他的创作本源可以追溯到雅克·德里达[2]的文学理论，即艺术能够对精神世界进行解构，并以此改变观看者对于自身存在之所的印象。但是，克里斯多的“大门”系列就像他众多知名作品一样，缺乏本质意义，只是由此及彼的简单复制。“大门”系列的修辞是空白的，它们传达的信息仿佛是那个空间没有任何其他意义，除了提供给一名艺术家进行自我宣传。

当我们面对这些虚伪并具有侵略性的设计作品时，它们往往已经得到了各种协会的许可，并被当作既定事实般摆在各家门口的公共空间，我们唯一能做的恐怕只有清楚地表达我们的痛苦。[9]我们可以自主选择将这些具有艺术气息的奇技淫巧，转化为批判的客体或者讽刺的对象。[10]然而，这一切对于“公共艺术”这个狂欢的怪兽而言，并没有实质性的作用，充其量不过是小小的不幸罢了。而过度设计有时越行越远，脱离形式－功能的平衡法则，甚至与自然法则产生冲突。在这种情况下，它们得到的惩罚也是迅速的、令人

[1] Christo & Jeanne-Claude：著名艺术家夫妇，是“偶发艺术”“环境艺术”“大地艺术”的先驱。代表作品《包裹群岛》《包裹德国国会大厦》等等。

[2] Jacques Derrida [1930—2004]：20世纪下半叶最重要的法国思想家之一，西方解构主义的代表人物，法国著名的哲学家。

振奋的，并且是公开的。这正是聪明过人却惯于过度设计的建筑师弗兰克·盖里[1]所遭遇的事情，纽约时报做了如下报道：

> 麻省理工学院已经向弗兰克·盖里和某家建筑公司提出了诉讼，声称其耗资3亿美元兴建的斯塔塔夫妇中心是“设计及建筑的失败”，结果是无处不在的渗漏，而且裂缝和排污问题还需不断投入高额的维修成本。
>
> 该中心于2004年春天落成，作为该建筑的特征之一，斜剖面的部分就像是掉在了下一层屋顶上似的，这在当时大受赞赏。盖里先生曾经说道：“它看上去就像是一群喝醉的机器人在一起庆祝。”[11]

作为对自己的辩护，盖里先生可能会宣称他的建筑作品只是在完成其自身的后现代职能，即它不仅看上去像是在一个个地脱落，而且最终成功地做到了这一点。

好设计揭示真相

读者们也许并不完全赞同我对保罗五世、贝聿铭、塞拉、克里

[1] Frank Owen Gehry [1929—]：当代著名的解构主义建筑师，以设计具有奇特不规则曲线造型雕塑般外观的建筑而著称。其最著名的作品是有着钛金属屋顶的毕尔巴鄂古根海姆美术馆。

斯多或者盖里的评价，但这些例子还是证明艾德赛尔假说正在发生作用：当过度设计发生时，就标志着一些公共废品的诞生。

如果艾德赛尔假说失效了，那么有可能恐慌将会来到。当我们把设计作为修辞的一种形式，我们必须认同它应隶属于修辞互动的经典定律。这些互动内在于所有社会现象中，包括商业、政治、战争、宗教和爱情，甚至身体语言也是一种修辞形式。在所有这些互动中，对于修辞的过分热衷往往可以被看作是产生操纵和欺骗的最初征兆。超级市场的广告、运动演讲、沙文主义、福音传道者的长篇大论及诱人的低声吟唱，这些都向我们展示了过分夸大的修辞与刻意滥用之间所存在的关联。事实上，我们已经深陷其中，以至于常常忘了世界上还有“真相”一事，也没有意识到还有一群人为了揭示真相而努力。

也许，从雪铁龙 2CV、Norton Dominator 和艾德赛尔的案例中，我们学到的最好一课便是：好设计揭示真相。它们切实地履行自己的诺言。我的 Norton 摩托车以其坚固的质感和优美的线条揭示了真相，那个巴黎的夏夜，当它让我幸免于难时，便提供了这个真相。Norton 毫无疑问地证明了，它的设计并非仅仅关乎舒适、动力和美观，更在于骑手的幸福安乐。

我坐在电脑前，使用的是杰夫·拉斯金[1]参与设计的电脑键盘，而他将一个好设计师比作一个好医生。我的办公椅是比尔·斯顿夫[2]

[1] Jef Raskin [1943—2005]：美国著名人机交互设计专家。1970 年代末参与苹果公司 Macintosh 的设计研发，是该项目的领导人。

[2] Bill Stumpf [1936—2006]：赫曼米勒设计师，设计了 Aeron、Ergon 椅子。

设计开发的，他将好设计视为普世文明的组成部分，且具有改变世界的力量。在办公椅后方，面对着书房北面窗户的则是查尔斯·伊姆斯设计的休闲椅。拉斯金、斯顿夫和伊姆斯都以他们的原创理念闻名于世，但是，若非他们以一种简单的坦率面对自己的工作，他们也许将无法获得这样的原创性。好的设计师是讲真话的人，他们帮助我们理解和接触真正的现实。

如果说好设计揭示真相，理所当然的问题便是“真相是什么”。有人或许会随意地回应，每个设计都会带来其各自的信息或者是一组信息，比如：卓越的汽车设计会告诉我们关于驾驶、公路和目的地的真相；优秀的房屋设计会真实地诉说有关私人和公共空间的诸多事实。这些真相将会深远地影响我们。小说家约翰·高尔斯华绥[John Galsworthy]在回忆自己儿时看到过的一双制作精良的鞋子时，写道：“他们看上去太美了，这双鞋难以形容地修长，漆皮配以布料的鞋面，简直让人垂涎欲滴。棕色的高靴筒泛着奇妙的光泽，让这双新鞋看起来好像已经被穿了一百年。做这双鞋的人必然亲眼目睹过‘靴之灵魂’，因为它们是所有鞋的原型，真实地再现了鞋的精神。”[12] 就这样，怀着敬畏甚至爱慕的心情，这个男孩从此改变。他不仅开始对艺术产生敬意，甚至开始用“品质”这一标准来衡量世间万物。高尔斯华绥也可以将他的回忆录取名为“盖斯勒的靴子”，而他用了“品质”。

类似的念头也出现在雷蒙德·钱德勒[Raymond Chandler]的杰作《漫长的告别》[*The Long Goodbye*]的开篇：“我第一次看见特里·伦诺克斯时，他喝醉了，坐在舞者酒吧露台外的一辆劳斯莱斯银色幽灵上。停车场的服务员把车子开出来，一直扶着敞开的车门等着，因为特里·伦诺克斯左脚悬在车外，仿佛已经忘了有这么一条腿。……他身边有一位姑娘，头发呈迷人的暗红色，嘴角挂着淡漠的笑容，肩上披着一件蓝色貂皮，差一点儿让劳斯莱斯车黯然失色。当然不至于如此。也不可能。"[13] 对钱德勒而言，劳斯莱斯在人际交往中是一种品质的象征，它甚至代表着诚实、正直、忠诚，这是小说中所有角色都必须面临的考验。

从高尔斯华绥到钱德勒的例子，我们也许可以推断，优秀的设计向我们诉说的不仅仅是某个特定的事实，还包括更为普遍的真理。在这个由科技主导人类与现实联系的时代，优秀的设计为这种联系的有效性、个人性和完整性提供了保障。正如约翰·赫斯科特［John Heskett］所言："一件设计精良的工艺品［他以一把刀作为例子］，是一种感官的延伸。"[14] 好设计让人们能够与整个世界进行坦率的对话。好设计告诉我们，尽管这个世界充满挑战和险阻，总有可靠的原则让我们与之周旋。更甚之，好设计让我们的努力富有品质和乐趣。

散见于太平洋热带地区的那些波利尼西亚人的木桩屋是事实胜于雄辩的最好例子。20 多根极具分量的木桩插入地基，房屋则搭建其上。数量众多的大型门窗让整幢房子就像是地球两大神灵——光和空气的神殿。每个房间都至少有一个门廊开阔地引向一座花园或一个露天平台。外檐宽阔的屋顶足以阻挡炎热和雨水，而大教堂式的天花板则能让屋内的热气尽快驱散。这些房屋提供了安全庇护的同时，也可以用来举行活动。宽敞的空间能够容纳人群，也让自身延伸成为自然的一部分。它就这样实现了人类所具有的丰富性，却毫不张扬，也未有过多的损耗。高高的天花板散发着自由的精神，并召唤着白日梦、旧日回忆和雄心壮志。房屋的设计向我们述说着我们是什么，以及我们希望成为什么。

关于这种设计理念，马特·泰勒［Matt Taylor］讲述的一则逸事可以让我们理解得更透彻。他是弗兰克·劳埃特·赖特[1]的学生，这是一则与赖特当时正在建造的经济房“美国风”［Usonians］有关的轶事。

> 我待在塔里埃森的那段进时间，有机会跟许多“美国风”的屋主交谈。他们热情洋溢地说起他们的生活环境。Pew夫人的话让我领会到赖特先生的才华和取得成就的奥秘所在。她告诉我，一开始她有多么讨厌这幢房子，她觉得赖特先生根本没有在意她的要求，只是按照他自己的需求建造了这幢房子。
>
> 在这里生活了将近两年后，她依然想要搬至他处并准备将房子以远远低于买入价的价格售出。她告诉我，在做这个决定前，她还是“给这幢房子一年的时间，并且顺其自然地不对它做任何修整”。就在那一年，某种转变发生了。她发现“赖特先生的确没有为了‘我是谁’而建造这幢房子，他的这幢房子是为了‘我可能成为的那个人’而设计的。事实上，赖特先生不仅专心倾听了我的要求，更是深刻地理解了我。”15

[1] Frank Lloyd Wright [1867 —1959]：美国建筑师、室内设计师，被誉为世界现代建筑四大师之一。代表作有流水别墅、纽约古根海姆美术馆等。

好设计是健康的精神状态的物质呈现。设计能够完善我们的性格并实现我们的意识。我们只需跟随着好设计，便能发现自身的美好。

再说说我那辆忠心耿耿的Norton Dominator。这款车由伯特·霍普伍德设计，并在英国伯明翰联桥街的Norton工厂制造完成。这个型号连续多年保持同样的设计，之后被更重型的Atlas取代，而后者则再度让位于马力更强的Commando。这些后续的型号尽管在动力上得到了增强，却遗失了良好的样式。我也驾驶过其他一些著名的摩托车，包括富有传奇性的Vincent，但是没有一辆能像Norton Dominator那样集轻量、平衡和活力于一身。我永远记得与这辆车共同度过的那些日子，沐浴着阳光，伴随着狂风，我独自一人骑着它穿过法国和英国的大街小巷，去到偏僻的村庄，随性地停下休息，并与永远好奇的当地人交谈。这是我与这台车共享的奇妙经历。它的美妙体现在很多地方，其中有一次，当我载着一个年轻的搭车客穿过英吉利海峡进入英国之后，转头发现她竟然已经睡着了。Norton Dominator点燃了我在国外旅途中的激情，无论是面对困惑的长者还是新的朋友，是都柏林的学生族，又或者是威尔士遇到的陌生人，整晚喝酒唱歌后，这个陌生人竟然把我带上了去往都柏林的渡船。正是Norton Dominator，它不仅带我认识了整个欧洲，同时也告诉我制作精良的机器能够反映并放大我们的人性。

这些正是设计所能传达的真相。而过度设计则相反，是一连串的谎言。利用艾德赛尔以及相关系列，底特律欺骗了美国人，让他们相信个人成就和尊严只能来自过度炫耀、环境破坏、污染、满是漏洞的保障措施和蹩脚的表现。教皇保罗五世否决了布拉曼特和米开朗基罗为圣彼得大教堂所做的设计，仅仅是因为他想要建成世界上最大的教堂，并以此来制造一个巨大的谎言，即对宗教而言越大越好，而这个谎言有一天也降临到了汽车上。这些过度设计的谎言并非单独的个案，相反，它们已经成为无处不在的象征符号。甚至连超市货架上那些加工过的食品都在欺骗我们的身体，它们只是迎合我们的欲望而不是为我们提供营养。[16] 过度设计将永远这样欺骗下去，因为它永远发源于制造者与消费者之间那种崩塌的关系。

我还是把巴黎的故事说完吧。那辆制造麻烦的 2CV 属于一对年轻的巴黎情侣，他们将车停在路中间［据他们后来向我坦白］是为了讨论去不去听歌剧。撞击发生后，那个年轻女子冲出车外，发现吉姆 · 布雷斯特德仰躺在车前。她坐下并把他的头枕在自己的膝盖上，而他慢慢醒来看到她的脸，那美丽的轮廓堪比明星。很快，巴黎警察来到现场，还有一辆救护车及时赶到。两个工作人员把我的 Norton 塞进救护车，它正好填满了救护车，随即车开走，不知去向。我则因为没带护照而被关进了监狱。被释放后，我便去了伦敦，在朋友家休养了一个星期之后，便又开始继续我的顽皮行径了。我回到巴黎，取回我那辆胜利的 Norton，奔赴我在都柏林的窝。那辆车骑起来依然完美，尽管被撞弯的手把迫使我不得不以赛车手的姿势驾驶。

吉姆 · 布雷斯特德住在阿斯彭［Aspen］附近，他仍旧参加滑雪竞赛，还参加了那个小镇一年一度的庆典——国际设计论坛。

［作者注］

1 Ettore Sottsass，由 Bettijane Levine 引自“The Master of Delight”，*Los Angeles Times*，2006 年 3 月 16 日。

2 来自被广泛引用的家具广告。

3 1960 年实际上处于撞击测试的黎明期。梅赛德斯奔驰在 1959 年至少对一辆车进行了撞击测试，并声称自己是进行此类测试的第一家生产制造商。

4 到 2007 年，艾德赛尔就在设计辞典中占据了奇妙的位置。“它成为了经典的设计失败案例，这一定位不仅在汽车制造工业，也在日常生活的其他领域中流传甚广。某些显著的次品经常被冠以艾德赛尔式的称号。” Jerry Garrett, “Wheels”, *New York Times*，2007 年 12 月 28 日。

5 Louis Sullivan，“Tall Office Building Artistically Considered”, *Lippincott's Magazine*，1896 年 3 月。

6 “伯拉孟特希望能够在君士坦丁堡式的教堂上叠加万神庙的建筑形式，这样的话，在一幢有着希腊十字结构的建筑之上便会呈现一个奇妙的圆顶。在 1506 年的春天，在凯撒统治之下，由 35 名红衣主教确立了这一壮观建筑的基调，但它却被后人摧毁并以一种不可饶恕的方式变得更糟…… “”

“他们建造得越久，就越远离最初那杰出的计划，因此整体外观并不令人满意。最主要的失误在于中庭被极不适当地加长了，以至于当观者近距离参观这座建筑时，根本无法看到圆顶。”出自 Paul Maria Baumgarten, “Basilica of St.Peter”，收编于 *The Catholic Encyclopedia*（New York: Robert Appleton CO.，1912），可在 New Advent 网站 http://www.newadvent.org 查阅。文章作者尽管对大教堂的设计不无批判，但谈论建筑规模时仍然充满骄傲。

7 出自 Albert Speer, *Inside the Third Reich*，译者 Richard & Clara Winston（New York: Simon and Schuster，1970；rpt. 1997），74, 133—55。同样可参见 Dietmar Schirmer, "State, Volk, and Monumental Architecture in Nazi-Era Berlin"，收录于 Andreas W. Daum、Christof Mauch 等编写的 *Berlin, Washington, 1800—2000: Capital Cities, Cultural Representation, and National Identities*（Cabridge: Cabridge University Press，2005），第 127—54 页。

8 Eames 关于"一垒手用旧了的棒球手套"的比喻需要一些解释。在玩过硬式棒球或者看过比赛的读者的记忆中，一垒手的手套类似一个细长的折叠物，在它们被抛向地面后，就像是一条比目鱼平平躺在地上。然而，在 1920—1930 年代（伊姆斯的青年时期），一垒手们选择的是一种厚一些的手套。如果今天让伊姆斯写这段话，他也许会用接球手的手套做比喻。

9 例如，Fred Camper 在他关于贝聿铭的评论文章中提到纽约摩根图书馆的重建时所说的："但至少从 1978 年开始，当贝聿铭设计的国家美术馆东馆揭幕后，博物馆附设的这个新空间有一半甚至一半以上被用于宽敞的大厅、咖啡厅、礼品店和类似的设施。这些空间并非为了吸引人们关注艺术，而是让人们更多地关注博物馆本身以及那些'娱乐'活动，如购买珠宝或者喝卡布奇诺等等……"

"但是，对参观者而言，为什么博物馆建筑必须成为某种需要费神的事物呢？也许只有这一机构的自我夸大能够解释。"出自 Fred Camper, "Too Grand for Their Art", *Newsday*，2006 年 7 月 30 日。

10 Stephen Colbert 在 2005 年的 *The Daily Show* 中以滑稽的方式嘲讽了 Christo 的 *Gates* 系列作品。他的节目可以在 http://www.youtube.com 上找到。

11 Robin Pogrebin，Katie Zezima, "M.I.T Sues Frank Gehry, Citing Flaws in Center He Designed", *New York Times*，2007 年 11 月 7 日。

12 John Galsworthy, "Quality"，收编于 *Quality and Other Stories*（New York: Scribner's, 1927）。

13 Raymond Chandler, *The Long Goodbye* (Boston: Houghton Mifflin, 1959).

14 "当所有的细节都被恰如其分地整合在一起，最好的厨房用刀便成了一种感官的延伸，它拥有令人满足的准确度，让人无法避免地要将它恰好握在手中，并给予良好的平衡和控制。” 出自 John Heskett, *Toothpicks and Logos*（Oxford: Oxford University Press, 2002），第 40 页。

15 个人信息来源。

16 参见 Michael Pollan, *In Fefense of Food*（New york: Penguin，2008），149f。

3 设计与真理如何述说彼此?

什么是真理?针对我们讨论的目的,一个简单的答案便足以说明:真理即我们在这世界上体验着的自然定律。真理决定了我们的身体不会升到空中,像生日气球一样随风飘荡。真理可以不容置喙地断言,特定频谱的光能让事物可见,以及快乐是甜蜜的,而痛苦是一种拖累。我们可能会在讨论会中就真理的本质忍受冗长乏味的争辩,但是真理往往存在于"我们是什么"以及"我们在哪里"这些原始却行之有效的、对细节的思考中。

那么,好设计又如何揭示真理呢?好设计所做的便是针对自然传达给我们的真理做出恰当的反应。猎人们和收集者们、农民和放牧人、村民和城里人,他们都纷纷完成了自己的设计。经年累月,稍逊一筹的设计通常会自行消失,而较为优质的设计则沉淀了下来。设计者们向自然述说的同时,也会倾听自然的反馈。好设计呈现为对真理最为恰当的回应。设计通过与自然的坦诚相对,从而效仿、模拟着自然的真理。

另外,我必须补充一下,设计天生具有自我增殖的特质。就我们自身而言，我们无法安于对自然保持某种程度的掌控，而不去理会内心的种种欲望，比如不断增强对自然的控制力，试图超越现存的界限，以及获取前所未有的安全与自由。人类的设计，包括繁荣的都市、平坦宽阔的道路、数学艺术、高效的机器、精确的语言等等，在作为物品供人享用的同时也成了更高成就的平台。当1450年印刷术在欧洲出现，人类就开始以指数式的速度发展前进，并在一个世纪内达到巅峰，人类从在地球匍匐前进开始，最终完成了在火星投放交互式机器人的壮举。而设计也将自身打造成为了某种“自然中的自然”，某位时间与空间的裁判。

这一切让我们终于面临难解的境地。拜设计自身的成长及增殖所赐，设计与自然，或者说与自然的真理之间的对话，再也无法保持一贯的亲密性和专属性。如今，这样的混合显得更为丰富，也更为模棱两可。现代设计不仅需与自然保持交流，还必须顾及数目繁多的被人类改造的自然，这其中包括城市、科技以及其他所有争夺着重要地位的已确立的设计。社会设计与物质设计面临同样的命运，政府、公司、宗教以及自足的价值体系已经被根深蒂固的利己主义全面渗透。也许更为有力的是大众市场，在其对于利益执着的追求过程中，自然或者真理几乎完全不被理会。

非自然的压力很可能引发不可磨灭的设计灾难。我们已经见识过丰臣秀吉的所作所为，这个统治者对于设计的力量如此紧张惧怕，以至于最终杀害了一位重要的设计师。在接下来的篇章中，我们还会看到一名建筑师，对客户心生失望的他，冒险采用符号学式的方案以寻求慰藉，而另一位软件业巨头则偏执地臆想知识产权可能遭受损失的情况，而阻止旗下的设计师运用必要的知识。但是，我们将看到好设计依然可能实现，设计师们也依然可以为坚守传统发挥所长。事实上，设计这一行为对我们人类生存至关重要。

接下来，我们的任务便是探寻设计如何揭示真理，并如何避免与相近技术的不当冲突这个问题。一个好设计的产物应当是：

· 顺应自然和人类本性

· 与其自身的即时环境相协调

· 与同类技术互相交流

· 协助人们开发技巧且 / 或传授知识

· 让使用者的情感和自由得以扩展

· 呈现简约之美

· 将困难与危险降低至最小化

· 传达美感

· 让使用充满愉悦

· 摒弃不合理的高价

· 可持续的

· 让使用者以最佳的状态面对现实

· 可以方便地进行运输、安装及维修

并非所有的设计都能用所有这些准则进行衡量。我那张舒适的思特莱斯[1]椅并没有帮助我“提高技能”，倒是为我将来发展技能提供了必要的休息。除了这样的例外，这些准则似乎可以广泛地适用

[1] Ekornes：挪威家具生产企业，北欧地区最大家具制造商。

于各个领域。接下去，我们将看到它们甚至在哲学辩论中也占有一席之地。事实上，好设计是一种现实意义的应用哲学，情色方面的应用则另当别论，因为它的实践伦理完全遵从美感与愉悦的支配。然而，即便是通过这个途径，它依然能向我们揭示关于我们自身的真相。

设计语言的真理

如果所有的设计都告知真相，我们应该在自身对自我表达的设计中，寻找某些特殊的关联。优秀的艺术家们是主要的真相设计者，他们利用画笔、刻刀以及其他基本媒介进行这项工作。对于像我这样依靠出版物传达真相的人而言，最为基本的设计工具则已变为文字处理程序。尽管种类繁多的文字处理程序有许多共通之处，但因着特别的理由，我尤为偏爱 WordPerfect X3。为了理解个中原因，我们就必须牢记约翰·赫斯科特的名言，即一个设计优良的工具将成为感官的延伸。换言之，好的设计将自身藏匿的同时，也扩大了使用者自身意愿的范畴。WordPerfect X3 便是如此。它让我能够一路顺畅、毫无挣扎地表达并保存我的想法，而后传达给其他人。而其他那些文字处理程序所包含的缺点，往往反映了由“公司优先”这种观点带来的自上而下的影响。X3 则成功地向我们展示，它的设计方案恰恰聚焦于被遗忘的灵魂，那就是使用者。它告诉我，我的思想并非无足轻重，并且我可以继续向前发展。就这样，可以说是它告诉了我关于写作的真理。

若将 WordPerfect X3 与它的畅销对手微软文字处理器进行比较，那么我们便可以客观地认识到，为一个复杂而充满争议的市场进行设计所面临的困难度。尽管两款文字处理器乍看之下颇为相似，但在专业人士进行为期数周的试用后，WordPerfect X3 在四个方面表现得更为强大：它能轻松打开不兼容的文件；它便捷地显示所有分类的隐藏编码，否则也许会毁了整页纸的格式；它扩充了有关平面效果的所有功能，让人们可以制作标签及商业卡片；它的“附加”功能让用户能复制多个路径并添加到同一个临时记忆储存中。Word 2007 则不具备这些功能，尽管微软有足够的技术和机会去完成这样的拓展。

为何会有这样的差异呢？我们可以假设，打造了 WordPerfect X3 的中小型公司 Corel，在面对几乎占据垄断地位的微软时，将卓越的设计视作唯一的生存法则。也许，Corel 公司将目标消费群体设定为职业作家，而微软则优先考虑那些更专注于网上冲浪、商业、音乐和游戏的用户。最终，来自市场的压力——或者至少可察的市场压力——将小型企业引向了杰出的设计成果，而将大型企业导向相对中庸的位置。讽刺的是，自由市场经济并没有倾向那些明显更好且更便宜的 Corel 产品。面对这样的反常现象，我们还是必须感谢 Corel 公司的强大对手所拥护的传统式对抗策略。好的设计也许能够向我们述说真理，但真理本身往往会“葬身”于大众市场的炮口之下。

设计如何“述说”

当我将设计定性为与自然对话的组成部分时，我其实利用了某种传承至今的解读方法，而这种解读可以追溯到文艺复兴时期的人文主义。人文主义是根植于知识的体系，其目的在于以议会制政府代替封建体制，更深一层则是，以理性代替信仰。这项任务最终催生了西方伟大的民主国家。人文主义者将语言——口语及书面语言——视为一个健全国家的生存原则。他们援引拉丁经典作为模型，以建立这样的前提，发展出一整套语言艺术的教育体系来创建知识、文化和修辞，并将其视作关键的政治美德。最终，他们创立了一种全球文化，在这种文化中，所有的艺术和科学相互影响，并以共通的话语结构为基础进行发展。

难怪文艺复兴时期的思想和行为仍然活跃于演讲与对话的隐喻之中。国家政府得名于演讲［“国会”“议会大厅”］，公民领袖则经常因其身为演说家而闻名。名目繁多的学科以“阶梯讲堂”的形式编辑成册，比如化学讲堂、地图讲堂、彗星讲堂、自然学讲堂、机械学讲堂、世界学讲堂等等。象征符号的制造者们将语言编入奇怪的视觉符号复合体中。理论家们让贺拉斯[1]的观点——“诗如画”［Ut Pictura poesis］重放光彩，而工程师们则打造那些仿佛会吟唱的雕

[1] Quintus Horatius Flaccus：罗马帝国奥古斯都统治时期著名的诗人、批评家、翻译家，代表作有《诗艺》等。

像。克劳迪奥·蒙特威尔第[1]开创了歌剧的发展，使音乐性从属于语言的力量。

在文艺复兴全盛期到来之际，人们意识到艺术和建筑能够“言说”，它们可以向受众传达特定的精神和心理意味。早在 15 世纪，莱昂·巴蒂斯塔·阿尔伯蒂[2]便在他的职业生涯中，努力将视觉艺术与语言艺术相结合。朱利奥·罗马诺创造了德泰宫，这幢建筑虽是由砖石砌造而成，却同时成为异想天开的代表。其建筑的一部分以西塞罗 [Cicero] 修辞学为基础，并使整体设计对那些有幸被邀请进入宫殿的人们产生某种自由解放的效用。查理五世 [Charles V] 国王一来到宫殿，便被整个设计吸引，并立刻将建造宫殿的雇主——曼图阿的侯爵晋封为伯爵。查理五世的外孙罗马帝国鲁道夫二世 [Emperor Rudolf II] 则在布拉格大兴土木，可以说为视觉传达的复杂语言树立了更为宏伟的纪念碑，其中包括世界上第一座博物馆。在那里，朱塞佩·阿尔钦博托[3]创造了极度奢华的象征艺术，并以朱利奥的方式，设计了多维度的宫廷化装舞会面具。在鲁道夫去世的 1612 年之前，将设计看作一种象征性语言的观念已经蔓延到了遥远的不列颠群岛。在那里，伊尼戈·琼斯[4]的建筑和舞台所呈现的

---

[1] Claudio Monteverdi [1567—1643]：意大利作曲家、制琴师、歌手以及罗马天主教神父。其代表作品包括《奥菲欧》《尤利西斯的归来》等。

[2] Leon Battista Alberti [1404—1472]：文艺复兴早期意大利的人文主义者。作家、艺术家、建筑师、诗人、神父、语言学家和哲学家。

[3] Giuseppe Arcimboldo [1526/1527—1593]：意大利文艺复兴时期画家，以人物肖像和讽喻画而闻名，被视为 20 世纪超现实主义运动的先驱。

[4] Inigo Jones [1573—1652]：英国古典主义建筑学家。

设计语言便是明显的例证。尽管文艺复兴时期的艺术家和手工艺人们并未将这一原则著书立言，但他们相信，关于人性、关于人类的延续、关于我们与自然的关联，这些都将由设计向我们“吐露真理”。

这个传统延续至今，尽管经常被淹没在现代市场经济的喧嚣之中，但克里斯托弗·亚历山大［Christopher Alexander］便在他那本极具影响力的书——《建筑模式语言》中力证道，“严肃的设计师们仍然在向他们的客户传达有关空间和视觉的信息”。[1] 而更近一点，保罗·格雷厄姆［Paul Graham］就曾经说过类似“整个城市在向我们诉说”这样的话：

> 伟大的城市吸引雄心勃勃的人群。当你漫步于这个城市，你可以感觉到，它正通过一百种微妙的方式向你传达一个信息：你能够做更多，你应该更努力。
>
> 令人惊奇的是，这样的信息彼此之间迥然不同。纽约会告诉你，无论如何你得赚更多的钱。当然，还有很多其他信息，如你应该更时髦，你应该让自己更漂亮。但是最清晰的信息就是，你应该更富有。
>
> 我喜欢波士顿［或者也可以是剑桥］的原因便是，这个城市传达的信息是：你应该更聪明，你真的应该好好花时间去读那些你一直想要读的书。[2]

在第一部分，我意图将有关材料语言的学习从艺术扩展到普遍意义上的设计，以此来判断我们所创造的设计是吐露真相，抑或撒谎欺骗，并最终揭示它们为何这样做，以及是如何做到的。

［作者注］

1 Christopher Alexander, Sara Ishikawa, Murray Silverstein, *A Pattern Language: Towns, Buildings, Construction* (New York: Oxford University Press, 1977).

2 Paul Graham, *Cities and Ambition*, 2008 年 5 月，http://www.paulgraham.com/cities.html。

4　当设计成为悲剧：双子塔的升起与陨落

> 换句话说，奥萨马，这个本·拉登建筑王朝的忤逆子，不仅袭击了资本主义的象征，同时也对伊斯兰建筑的文化膨胀之象征进行了抨击，而这种文化膨胀恰恰来自于他家族的助力。这一恶魔般的纠缠甚至超越了任何文学、幻想或者神旨论。谁说建筑已经失去了象征意义？人们更希望它被赋予较少的象征意义。
>
> ——奥雷·伯曼[1]

当千利休公然反抗权威，并以鲜血封缄自己独特的信念时，他留给同时代的人们一个关于设计的宣言，并在长达数世纪的时间里始终激励着后人。然而，更多的情况却是，设计师们努力取悦他们的客户，在客户不满于他们时，更改自己的设计方案。在我们的城市中，市政及公司的建筑其实很少来自主创者的理念或者共通的设计原则，而更多地诞生于各种不择手段的矢量交集，比如成本

[1]　Ole Bouman[1960—]：文化、建筑史学家，并兼顾策展人及建筑教育的工作。

问题、利益规划、机构政治、竞争机制以及个人因素。大多数情况下，决策者们得过且过地达成协议，在他们的这种共识下得到的产品，即便无法使人心动，至少是可居住的。而在一些稀少却有教育意义的事例中，设计师们试图以某种过度的独创设计来弥补自己的妥协，我们会发现他们面临的恰恰是爱德华·特纳[1]所说的“无意识后果”。他论述道：“我们身处的世界正呈现出某种趋势，那就是我们利用甚至扭转我们的智慧，反抗我们自身。也许这样的行为是无意识的。无论如何，只要我们转变，我们便将面临那些机械的、化学的、生物的以及医药创新的无意识后果，这或许可以被称为‘复仇效应’吧。”[1]

试想一下纽约世界贸易中心这个例子。在这个庞大的项目中，财政方面的利益让设计产生扭曲，并最终导致其成为巨大的建筑灾难。世界贸易中心的构想从1946年便开始生根，当时纽约州议会成立了世界贸易公司以应对他们的预测——由于欧洲战后的经济复苏而可能涌来的商业洪流。尽管最初的想法未能付诸实践，但这个世界贸易中心的概念却在1958年重见天日，伴随而来的是更为具体的战略性动机。大卫·洛克菲勒［David Rockefeller］发现麾下的大通曼哈顿银行在曼哈顿城区房地产的投资遭遇滑坡，便决定启动一项大规模的商业项目，以巩固城区地产的价值。他咨询了SOM建筑设计事务所［Skidmore, Owings & Merrill］，后者提出了一项方案。某位作者描述了当时的情况：“洛克菲勒将报告交给纽约市

[1] Edward Tenner：历史学家、独立作者、演讲者。主要关注科技创新的文化研究。

市长罗伯特 · F. 瓦格纳［Robert F. Wagner］，并立刻将 SOM 叫来。他对于贸易中心的方案极为赞赏并希望了解更多细节。1960 年 1 月，DLMA［纽约曼哈顿下城商会］得到一份造价 2.5 亿的贸易中心建筑方案。它将在华尔街最东面近 80 亩的空地上拔地而起，一幢 70 层的办公楼，一个国际贸易展览中心，一幢证券交易大楼，一个商场，以及一个大型广场，都将建造于两层楼的平台之上，并由此彻底取代并置换传统的网状街道模式。”[2]

当这个项目决定交由建筑师山崎实完成之前，港务局首先接管了项目，并将其规模进一步扩大。当时的情况是：“这个项目之所以筛选掉数十名美国建筑师，最终选定山崎实负责，原因显而易见：在一块 16 英亩的土地上，要建起一幢总楼层面积达 120 万平方英尺的建筑，并且必须为哈德逊隧道及地铁管道等新设施提供相应的空间，而这所有建设只有 5 亿美元的预算。”[3] 山崎审查了一百多个以模型呈现的可行方案，并依此向客户提议建造一个由两幢 80 层高的塔楼为核心的建筑群。但是，对港务局的李 · 贾菲［Lee Jaffe］和盖伊 · 托佐利［Guy Tozzoli］而言，80 层楼还是不够：“当时是托佐利对整个项目进行决策，并要求实现 1 亿平方英尺的办公面积，也是托佐利采纳了港务局公共关系部部长李 · 贾菲的建议，力图将世界贸易中心打造成世界上最高的大楼。他坚持让山崎将提案的 80 层塔楼扩建为两幢 110 层楼的双子楼结构，并且各自实现 400 万平方英尺的办公面积。”[4] 港务局对于建造世界第一高楼的坚持迫使山崎重新考虑塔楼的风格和结构，最终得出的方案可以说竭尽所能地将摩天大楼的概念延伸至某种经济引擎的作用——在注重节省空间的同时，又要创造出前所未有的壮观。这个方案预期将 220 英亩的办公空间堆叠在 2 英亩的地皮之上。

这个项目的变化给城市环境带来的影响是恶劣的。山崎最初设计的 80 层塔楼原本可以优雅地嵌入曼哈顿下城区的高楼天际线，与华尔街 40 号川普大楼和美国国际大厦这两幢 70 层的高楼相比肩。然而，110 层高的塔楼组则不但让这些大楼显得矮小，更对另一端的天际线形成某种压制。双子塔，有着相同的高度和宽度，打乱了周边的建筑群规模，并且对于生活在曼哈顿地区的居民而言，就像是投下了一对愤怒的咒语一般。山崎应该对此有诸多抱怨，因为经过这样拙劣的修改，他的塔楼早已不是经过“设计”的，而是由组委会施工建造的［正如他们所说的那样］。

在人道主义方面，项目的变化也存在诸多弊病。在 2 英亩的土地上为成千上万的人创建办公场所本身就意味着拥挤，而拥挤则会导致个人体验的降低以及人际关系的疏离。与此同时，越高的楼层在灾难来临时会更危险，逃生和援助的机会都将更为有限。显然，对于后者的考量在港务局的管理层看来，实在无足轻重。他们急于增加可租售面积，甚至将每幢楼的紧急逃生线路从六条缩减至三条。

尽管最有可能的紧急情况，比如火灾、核弹攻击或者地震，都会使大楼的电梯系统陷入高风险状态，港务局依然坚持这项决定。这样一个以获取利益为目的的开场，在 2001 年 9 月 11 日有了戏剧性的结尾。如果港务局保留了六条楼道的结构，他们很有可能在每个楼层的各个角落都设置了逃生楼道，而不是在每个楼层的中央位置将三条楼道并置在一起，这样就没有任何空袭可以堵住所有人群的逃生路线，除非它一下子摧毁了整个楼层。但现实是，“9·11”袭击让电梯瞬间瘫痪，并破坏了北塔 94 楼以上全部三条楼道，而在南塔 78 层以上的楼层，三条楼道中的两条被破坏［只有不到 20 人通过第三条楼道向下逃生］。观察这两架飞机撞击大楼的线路，如果当初建造了六条通道，并在楼层的四个角落各有一条通道，那么两幢大楼都至少有一条通道可以逃生，上百人会因此获救。

港务局的经济利益还决定了另一项重要的设计。山崎的工程师们向管理层提议了筒体结构的建筑计划，这种结构将主要支撑框架集中在楼体的外部。据其中一位工程师，莱斯利·罗伯逊［Leslie Robertson］回忆道：“港务局的主管人非常喜欢这个方案，因为这个结构能够提供畅通无阻的、宽敞的楼层空间。”这样一来，内部支撑物减少了，作为交换，这就相当于有了额外的租售空间。由于楼层横梁使用的是比支撑结构更薄的钢板，因此它们会更快地升温，这成为了火灾发生时的致命弱点。在“9·11”酿成的火灾中，这个“脆弱”的楼层系统坍塌了。[5]

山崎的这个筒体结构另一个不可避免的结果是窗户面积的大量减少。这种外围支撑系统必然导致让人不适的窄窗设计，从大楼外部看都是镜面却看不到窗户，窗户实际非常少，以至于在大楼里面几乎看不到外面的风景。对于这个设计的批评，山崎巧妙地做出回应，他反驳道，这样设计的目的是为了降低高层建筑给人们带来的眩晕感，然而这样的反驳是无力的。他自己的工程师罗伯逊直接否认了这个理由，据他说道，山崎之所以选择筒体结构的方案，只是因为这个结构让他想起了竹子，而港务局的决策者们则只是因为最大化的租售面积而赞成了这个方案。这个决策的结果成为了某种具有现代性的悖论，一对巨人在世界上最好的风景胜地高高耸立，但“他们”却是失明的。对政治讽刺家而言，这是对自由公司的经营理念再好不过的象征了。

最后一点，关于世界贸易中心的设计值得注意的是，这个项目将山崎与沙特皇室直接联系在一起，并且与奥萨马·本·拉登产生间接的关联。在他接受世界贸易中心的设计委托时，山崎刚刚完成沙特阿拉伯达兰机场的建筑设计，而这项工程则被外包给了本·拉登建筑公司。[6]它的风格混合了伊斯兰教建筑和现代主义建筑。在设计世界贸易中心时，山崎的方案又与这个方案有某些相似性。

> 山崎将他设计的世界贸易中心广场描述为“一处圣地，让人们能够从华尔街区域狭窄的街道和人行道中得到解脱舒展”。如他所言，山崎打造了一个巨大的封闭式广场，并用低廊柱的结构隔绝了城市的喧嚣，再加上两座完美的广场塔楼，真正的尖塔，所有这些都复制自麦加圣地的广场模式。山崎的广场模仿了麦加朝圣聚集之所，包括蕴藏着圣石的克尔白，这被认为是夏甲与以实玛利的葬身之所，以及圣泉。他用一种极致的环形模式将数个雕像和喷泉整合在一起，与麦加圣地广场极为相似。

世界贸易中心的“闪亮金属雕饰”是“神圣的印记”，建筑师劳瑞·克尔［Laurie Kerr］引用伊斯兰教学者奥列格·格拉巴［Oleg Grabar］的研究，继续补充说明：

有着复杂几何样式的厚重雕饰暗示着伊斯兰教中更高的精神世界，而有着伊斯兰风格的光泽质感则可以与蒙在麦加克尔白上的黑色绸幔相互联系。在“9·11”袭击过后，格拉巴曾经谈到过这对塔楼是如何与伊斯兰建筑联系在一起的，因为“整个外表都是极具含义的”，并且“大楼的每个部分都同时具备释义和装饰的功能”。很多来自中东的设计师都同意这个观点，他们将整体的外观描述为巨型的“窗扉”［阿拉伯语：Mashrabiya］，清真寺常见的那种布满窗户的装饰雕花。

凭借这些设计上的元素，山崎可以说在以符号的形式做出阐述，即他显然希望通过这样的设计向伊斯兰传统致以特别的敬意，并且对普遍意义上人类设计的永续性致敬。可惜的是，他并未能意识到这个阐述可以被解释为另一种含义。正如克尔所总结的那样，对于那些希望伊斯兰教保持纯净并摆脱商业主义的人而言，山崎将清真寺的元素内含于商业建筑的行为将会受到诅咒。而对于本·拉登而言，世界贸易中心也许不仅仅是一个具有国际性的地标建筑，同时也代表着错误的偶像崇拜。[7]

对于一个具备建筑知识的伊斯兰教信奉者而言，山崎的设计触犯了神圣的信息法则。伊斯兰教典禁止未经授权的对神谕的“援引”，即在世俗的事物中运用神圣的寓意。穆斯林教徒可以佩戴包含《古兰经》经文的饰物，但是经文必须被严实地封盖，不能被看见。对于错误使用神谕的行为，惩罚将会非常严厉。萨尔曼·鲁西迪[1]的案例即为其中一例。流行乐歌手马塞尔·哈利法［Marcel Khalife］，因为在自己的歌词中引用了《古兰经》的经文而被逮捕并在黎巴嫩被审讯，尽管那首歌是歌颂伊斯兰教的。距离我们更近的例子，则是一位名叫吉利恩·吉本斯［Gillian Gibbons］的教师。由于他允许自己的学生为一只想象中的小熊取名为“穆罕默德”而在苏丹遭到逮捕。

山崎关于自己这项浩大工程所发表的公开声明，是非常值得关注的。尽管他有充分的理由对当局者利益最大化的效应、对庸俗的大肆炒作，以及对自己原初设计的纯粹贪心表示遗憾或者不满，但他还是戴上面具，加入这场“游戏”，将这个双子塔形容为人道主义的丰碑而进行宣扬：“世界贸易中心因其重要性，应该成为人道主义信仰的一个具体表现，它包含了对个人尊严的渴求，对人类协作的信任，以及通过这样的协作来发现美好的能力。”[8]

在对建筑进行阐释的历史中，鲜有这样极富争议或者说充满问题的陈述。引入“人道主义”和“个人尊严”的概念无疑表达了一种虚空的观点。我从未听到他人在评价双子塔时，将它与这些词语联系在一起。[9]实际上，大家的观点更倾向于对立面，即双子塔给人带来压迫感和恐惧感，并且与曼哈顿下城区原有的天际线之间产生了强烈的冲突。它们简单粗暴地主张公司权益，却［就其象征意

---

[1] Sir Salman Rushdi [1947—]：英国著名作家。生于印度孟买一个穆斯林家庭，在英国接受教育。1975 年他的第一部小说出版，第二部小说《午夜之子》为他赢得了国际声誉。1989 年，鲁西迪的《撒旦诗篇》因为责骂伊斯兰教的不公平，而遭伊朗精神领袖阿亚图拉·鲁霍拉赫·霍梅尼下达追杀令。

义而言］有损于人道主义精神，甚至忽视了个人的权益。在早期，双子塔还曾被视为来自机构权威的某种威胁。罗杰·科恩［Roger Cohen］在1990年就曾写道："世界贸易中心项目被广泛地抨击为不负责任的公共权威机构自吹自擂、自我荣显的极致表现。甚至在它建成后的20年里，对于这种过剩表现，徘徊不去的指责怨念都在持续影响着公众对港务局的态度。"10

2001年双子塔倒塌后，就算是最悲痛的悼念词也从未赋予它们人道主义的赞誉或者表彰它们对个体精神的主张。即便它们曾经备受喜爱，也绝不是因为这些因素，而是因为它们给人们带来强烈的感受，它们代表性地将纽约市的熙攘、充满活力和力量的感觉表现了出来。正如《亚洲时报》［*Asia Times*］所言："世界贸易中心的双子塔绝不仅仅是两幢楼而已。它们就像是一对活着的见证者，见证着纽约这座城市对其不可限量的命运所抱持的信念。早在30年前，在纽约这座城市还不确定未来何去何从的时代，面对需求疲软的局势，纯粹凭借着信念的力量建造而成的双子塔，不仅重建了人们的信心，更是及时遏制了曼哈顿下城区经济衰退的趋势。傲慢、炫目、高于生活的它们迅速成为了顽强的纽约市的象征，一个世界超级大国的超级大都市。""傲慢、炫目、高于生活"？这都没问题。但是，正如许多关于美国文化的批评所指出的，这些元素并不会叠加累积，从而导向人道主义和个人尊严。埃达·路易丝·赫克斯特布尔[1]在1973年便尖锐地评价："港务局制

[1] Ada Louise Huxtable [1921—2013]：先锋建筑评论家。1970年，第一届普利策评论奖得主。曾为《纽约时报》《华尔街日报》等报刊撰写建筑评论文章。

造了迪士尼神话式的轰动。它们只是通用汽车的哥特式拱顶。”赫克斯特布尔的这番评价经由马丁·菲勒[1]和罗伯特·休斯[2]的赞同而更为确凿无疑。11

山崎原本的意图与实际成果之间的差异引发了关于现代设计和现代性本身的一系列有趣的话题。在山崎的方案中，港务局所选取并委派其建造的方案，使得所有其他的考量，例如安全性、天际线、环境、美观、人们的空间等等，都服从于增强商业性这一要素。这样赤裸裸地强调商业也许会让读者倍感其冷血，但这是非常典型的美国式的公司思想，对于政府官员、规划者以及设计者而言，这几乎是理所当然的事情。山崎曾经提出了相对人性化的方案，但是方案一经驳回，他便尽责地在一块邮戳大小的地产上建起了可以容纳威尼斯全部人口的工作空间。也许是急于回应最初的那些批评，又或者自己也震慑于巨大的权力，他莫名地力图将这个商业主义的殿堂浪漫化，视其为人道主义与个体精神的丰碑。

山崎完成的工程，实际上与他所说的相去甚远。在建造双子塔的过程中，他过度使用了某种建筑修辞学，而这种修辞手法曾经长期让摩天大楼免遭诟病。摩天大楼纤细而高耸入天，就像是扮演着类似英雄一样的角色，成为作为个体的我们与不断扩

[1] Martin Filler [1948—]：美国杰出的建筑评论家。自 1985 年起为《纽约书评》撰稿，并于 2007 年集结成册《现代建筑的创造者》。迄今为止，其撰写的建筑评论达 1000 多篇，散见于《纽约时报》《美国艺术》等报刊。

[2] Robert Hughes [1938—2012]：澳大利亚籍艺术评论家、作者，以及纪录片导演。在 1997 年的《纽约时报》评选中，被罗伯特·博因顿 [Robert Boynton] 评为“世界上最著名的艺术评论家”。

张影响的机器以及人群之间的媒介。它邀请我们凌驾于频繁互动所带来的压迫感之上，并由此成为城市与公司社会化修辞的一部分。卡斯·吉尔伯特[1]设计的新哥特式伍尔沃思大楼［Woolworth Building，1913］，雷蒙德·胡德［Raymond Hood］那装饰艺术风格的RCA大楼［1933］，路德维希·密斯·凡·德·罗［Ludwig Mies van der Rohe］和菲利普·约翰逊［Philip Johnson］现代化的西格拉姆大楼［Seagram Building，1958］，这些建筑毫无疑问充满着艺术气息，足以消解公司化的世界带给个人的影响。唯一的问题在于程度，作为旁观者和参与者，在某种程度上我们可以抑制住不信任的感觉。但是，山崎却摧毁了我们幻想中愿意付出的信任。他的设计超出了人们能够承受的大众与个体之间的比例关系。尽管不是有意的，他拉开了修辞的窗帘，让深藏于甜言蜜语的砖石之下的那些不知名的权力完全暴露。美国人能够接受权力已经成为生活中的一个现实，但是他们拒绝时不时地自动向权力低头。这种对权力的厌恶很好地解释了双子塔作为一种建筑学的陈述广泛受到批评的原因。

那个陈述究竟是真相还是谎言？某种程度来说，双子塔绝非谎言：它们所呈现的外观正如其本身一样，是违背人道主义的。但是，它们从两个方面构建了一个建筑学的谎言。

从物质层面来讲，它们所违背的人道主义使命早已被路易斯·沙利文镌刻在砖石之上，并被认为是所有现代商业建筑的核心，

[1] Cass Gilber [1859—1934]：知名的美国建筑师，代表作伍尔沃思大厦。

即承诺安全、效率，以及便利。然而，即便我们以最仁慈的角度观察港务局启动这一项目的动机，我们也难以找到任何线索来证明他们曾经为了这些使命而做出哪怕是微小的让步。他们的决策带来了中世纪噩梦中的所有困境：不安稳、压抑、丑陋、不安全。

而从符号学层面来看，尽管建筑师宣称世界贸易中心代表着“人类对人道主义的信念”，以及“对个人尊严的需求”，但是混乱的设计语言和具有压迫感的庞大体积都证实这只是个谎言。相反，无论山崎是在向公众撒谎还是仅仅在欺骗自己，这都只是他的传记作者才会关注的事。在任何一种情况下，他的声明都如同双子塔本身所呈现的那样，典型地与资本大亨告知公众的谎言有着共同的特征，被谎言蒙蔽的公众也因此不会阻碍资本大亨对更多金钱的渴望以及不停息的追求。

当然，我们之中不会有人想要将其拆除。将双子塔摧毁，实际上是为了将它们的倒塌转化成象征意义上的民主政治的崩塌，而这种冲动则来自完全不同于美国式的、反权威主义的另一个传统。1957 年左右出生于沙特阿拉伯，奥萨马·本·拉登曾经在吉达［Jidda］学习工程学。吉达可以说是伊斯兰激进主义的温床，在那里本·拉登接触到了一些激进主义的宣言，如瓦伊勒·奥斯曼［Wail Uthman］的《上帝与撒旦的战争》［*The Party of God in Struggle with the Party of Satan*］，以及赛义德·库特布［Sayyid Qutb］的《里程碑》［*Milestones*］。于是，年轻的本·拉登接受了由诸多权力和控制贯穿而成的伊斯兰教模式。

跟山崎一样，本·拉登同样对建筑学有着专业知识，但是对他而言，涉猎建筑业是急切压迫之下的结果。据报道，他在青少年时期便协助家族产业修复了两座著名的清真寺，这期间他个人则经历了一次信仰的转变。而山崎也正是在这期间协助本·拉登的家族企业完成了对沙特阿拉伯的公共建筑西化的进程，当时的他对这个孩子而言犹如黑武士达斯·维达［Darth Vader］，瞬间对他的理想构成威胁并对他握有巨大的权力。

我们可以猜想，本·拉登在成长过程中始终被山崎的双子塔所困扰，他很可能早已将它们定性为撒旦式力量的源头和象征。除了它们的资本主义象征之外，它们的偶像崇拜表征以及突兀鲜明的国家主义，都使其成为对伊斯兰的亵渎。这样看来，本·拉登摧毁双子塔的行为诡异地具有个人化倾向，这是他对撒旦力量的正面冲击，同时混杂着对自己早已疏离的家庭的一次侧面撞击。再加上双子塔所具有的结构特征和象征意义，很难想象，对极端破坏分子来说，世界上还有其他类似的目标。

这些冲突和巧合的剪切拼贴把我们带回了本章的标题——“当设计成为悲剧”。黑格尔曾写道，伦理实体的分裂是悲剧冲突产生的根源。根据这样的定义，世界贸易中心的故事便是一个具象的悲剧。而这出悲剧的上演则来自于相互错位的、不同的强烈个性。其中便有极富洞察力的赚钱大亨大卫·洛克菲勒，他为商业化进程添柴加火。还有港务局的执政者李·贾菲和盖伊·托佐利，他们挤进经济霸权的赛道，并肩向前。与他们针锋相对的是奥萨马·本·拉登的那些自杀式恐怖分子，他们坚守拥护的是宗教极端主义。身陷其中的还有大名鼎鼎的山崎，相较而言，他可以说是他们中间最具悲剧性的人。被权力的车轮碾卷，他已失去分析事物的能力，并对自身的艺术完整性做出了妥协。我们看过大量的例子，设计师们［其中包括千利休］的美好设想因为客户的基本利益而遭到背叛，现在我们又获得了某些反面的启迪：一名设计师投入对自身的背叛中。其中还有些悲剧性的讽刺：双子塔的创造者和摧毁者与同一个家族有所牵连；一幢向伊斯兰教设计传统致敬的建筑却被解读为对伊斯兰教的亵渎。而其中堪比康拉德［Joseph Conrad］《黑暗之心》［*Heart of Darkness*］的最大讽刺在于，在一个被宣称为先进的，并受到良好保护的社会，这样一出史诗剧般的主要情节则完全出自不合情理的粗暴：奥萨马·本·拉登将神圣与杀戮混为一谈，而港务局的管理者们则坚信越大越好，为获取更多租售空间的利益将数千人的生命置于危险境地。这般的愚昧与贪婪却主宰了我们的历史，这便决定了美国无法拥有信用。

［作者注］

引语：
Ole Bouman, *Archis*, no.1 (2002).

1 Edward Tenner, *Why Things Bite Back: Technology and the Revenge of Unintended Consequences* (New York: Knopf, 1996), 5f.

2 Roger Cohen, "Casting Giant Shadows: The Politics of Building the World Trade Center", 收编于 *Portfolio: A Quarterly Review of Trade and Transportation*（1990—1991 冬）。

3 Paul Heyer, *Architects on Architecture: New Directions in America* (New York: Walker, 1978), 194.

4 Guy Tozzoli，人物与事件参见纪录片 *The Center of the World: New York*。可在 PBS 网站观看 http://www.pbs.org/wgbh/amex/newyork/peopleevents/p_ tozzoli.html。

5 这件事由 Richard Bender 记录在 *Kajima Research Newsletter* 第 21 号中："Robertson 和他的搭档 John Skilling，对双子塔的结构设计共同承担责任。Robertson 于 1958 年加入沃辛顿 · 斯奇灵（Worthington-Skilling）西雅图分公司。该公司曾与山崎合作完成了 IBM 的办公楼。这幢大楼采用了间隔紧密的钢管作为外部结构墙，并呈现出强烈的垂直感。1963 年，沃辛顿 – 斯奇灵与另外七家结构工程公司共同竞争世界贸易中心的设计工程。斯奇灵提出的方案是建议外墙采用筒体结构。'山崎很喜欢这个主意，' Robertson 回忆道，'因为这让他联想到了竹子的形状。港务局的管理层喜欢这个方案，则是因为这给了他们更宽敞、更没有阻碍的楼层空间。'"

"在任何火灾事故中，按照正常逻辑都会预想到结构中的薄弱环节会第一个被摧毁。世界贸易中心的地板便是这个薄弱环节。Gene Corley（联邦紧急事务管理署调查小组的领导）认为，由于那些楼层的横梁、桁架以较薄的钢板制造而成，因此比一般的圆柱结构升温更快。这些楼层由 60 英尺的直角钢板通过螺栓与内部及外部的圆柱结构连接支撑，而不是通过焊接的方式进行支撑。来自麻省理工学院结构工程部的 Eduardo Kausel 和 Jerome Connor 同样注意到了整个楼层系统的轻量结构，他们对它的描述是'脆弱'。在他们看来，最薄弱的环节在于楼层系统与垂直结构相互连接的方式。除了他们，还有另一些人也指出，这种连接方式只在矿物纤维表层进行防护，大多数面对重创之下都会不堪一击。而这也发生在临近的大楼，事故发生时它们大多被双子塔掉落的碎片击中。这说明在飞机撞击后，产生了大量未经防护的钢板。"出自 The Kainma Reserch Letter © 2002 Urban Consteuction Laboratory，指导者 Richard Bender，编辑 John Parman。感谢 Bender 先生和 Parman 先生允许本书引用报告内容。

6 "然而，之后便有消息显示山崎先生与本 · 拉登家族私交甚笃，后者拥有惊人财富的开发建筑王朝。他们自 1950 年代开始便与山崎频繁合作，在阿拉伯半岛打造了众多遭人诟病的现代建筑，并让这块先知的圣地臣服于极富野心的沙特王室，他们对于保持伊斯兰视觉传统的那些含混的方案非常满意。位于达兰的法赫德国王达兰机场航站楼便是其中一例，它甚至被印在了沙特的纸币上。还有位于吉达机场的法赫德国王皇家接待宫殿。"

"更让人觉得充满讽刺意味的是，山崎将这些伊斯兰教的设计元素带去了曼哈顿，并应用在世界贸易中心的建设中。精雕细琢的金属感内里、大楼基底部分优雅的拱形，甚至是被纽约金融中心层层环绕的广场，都让山崎回想起麦加那环绕着克尔白的庭园。”出自 Bouman, *Archis*, no.1。

7 Lautie Kerr, “The Mopsqie to Commerce: Bin Laden’s Special Complaint with the World Trade Center” , *Slate*，2001 年 12 月 28 日，http://www.slate.com/id/2060207/。

8 Heyer, *Architects on Architecture*, 195.

9 为了更深一步了解山崎对世界贸易中心的解读，可以参见他的自传 *A Life in Architecture*（New York: Weatherhill，1979），第 112—128 页。在他的书中，他对项目的发展过程进行了详细阐述并以此反驳早期的批评，但对于他与港务局之间的交涉却只字未提。山崎也并未谈及设计中的伊斯兰教象征，对自己的审美意识也鲜少解释，但是他的确将他的设计形容为“绿洲”和“圣地”（114f）。

10 Cohen, “Casting Giant Shadows”。*Divided We Stand: A Biography of New York City’s World Trade Center*（New York: Basic Books，2001）的作者 Eric Darton 评述得更为猛烈：“从根本上而言，世界贸易中心的建成就是一个小说故事，讲述了纽约的政治掮客如何利用公共机构，即港务局，进行其庞大的房地产投机活动。他们的目的在于将世界贸易中心作为杠杆极大地扩展曼哈顿下城区的金融区域，鉴于他们在这块区域投入了大量资金，发展这一地区便意味着他们所拥有的资产随之膨胀。我们很难想象还有比这更为显著的例子来说明这种根深蒂固的权利以及财富在民主化进程中如何规避损失，甚至事实上，颠覆性地影响了民主决策。因此，世界贸易中心也可以被看作是罔顾公众信任的纪念碑。”出自 Darton, “New York City’s World Trade Center: A Living Archive” , http://ericdartn.net。

11 *Asia Times*，2003年2月13日；Ada Louise Huxtable，*New York Times*，1973年4月5日。Hughes 为 Filler 的书所写的书评中提到：“这或许算不上整个历程中最奇特的事情，但这个时刻也许是世界贸易中心 25 年的历史中，唯一一次得到正面的评论。当它被建造的时候，你从没听过任何一个建筑师或其他任何人说过它一句好话。纽约人普遍谴责它是不合比例的、单调的怪兽，一个由当时的纽约州州长 Nelson Rockefeller 委派给曼哈顿下城区的无所事事且没有正职的巨人，而 Nelson 则用一层又一层的政府办公室来充斥整幢大楼。没有人真正喜爱这幢建筑，直到两架被恐怖分子劫持的飞机强迫美国人这么做。”

“‘其实没有必要，也没有这样的迹象显示，’ Filler 写道，‘1000 万平方英尺的可租售空间能够替换曾经失去的那些东西，早在 40 年前世界贸易中心被建造的时候，那些东西便已经失去，事实上已经没有可失去的了。'" 出自 Robert Hughes, "Master Builders"，*New York Review of Books*，2007 年 9 月 27 日。这篇文章乃是评论 Martin Filler 的著作 *Makers of Modern Architecture*。

5　艾德赛尔法则：糟糕的设计从何而来

经过优良设计的物品通常是通俗易懂的。它们包含的可见信息引导人们进行操作。设计得不好的物品则难以理解，并让人在使用过程中感到沮丧。它们无法提供任何线索，甚至有时给出错误的提示。它们给使用者带来困扰，甚至对正常的说明和理解造成阻挠。

——唐纳德·诺曼[1]

一幢建筑或一件物品应该让人们按照自己的意愿进行使用：例如，一幢好的建筑应该成为人们活出自我、主导自己生活的背景，而绝不是仿佛在执行设计师写下的程序一般，按照

[1] Donald Arthur Norman [1935—]：美国认知心理学家、计算机工程师、工业设计家，认知科学学会的发起人之一，代表作《设计心理学》。

建筑师的意愿去使用。

——保罗·格雷厄姆[1]

在步入中年之后，保持体态良好的最佳理由是你必须防止猝死于厨房这样的事发生。关于这句警世名言以及它如何与商业设计产生关联，我稍后会回来讨论。

良好的设计有两个重要来源，而糟糕的设计则有三个。公司关注设计，而设计师关心用户，好设计便会诞生。无知、贫乏的社会经济资源以及对专业的倾斜偏重，则会导致糟糕的设计。前二者无需过多阐释，而后三者则需要着重说明。

无知

我使用台式计算机的经验告诉我，计算机设计师们几乎从不听取来自维修人员的意见，而这些人经常为保修期外的计算机进行维修。如果设计师听取了他们的意见，便会认识到两年或两年以上的机器出现死机的一个主要原因是堵塞在散热风扇中的灰尘不断堆积。很明显，空气过滤器便是解决办法。工程师们也许会反对这个

[1] Paul Graham [1964—]：美国著名程序员、风险投资家、畅销技术书作家。哈佛大学博士。当今美国互联网教父级人物，被《福布斯》杂志喻为“撼动硅谷的人”。他是 Lisp 专家，是第一个互联网应用程序 Viaweb 的发明人之一，该程序被雅虎以 5000 万美元收购，后来成为如雷贯耳的 Yahoo!Store。

方法，因为空气过滤器的滤网堵塞有可能导致过热，而成为安全隐患。但是，这个问题用最简单的科技仪器便能解决，那便是热反应开关。当散热系统无法正常运转时，热反应开关可以发出警告，或者自动关机。换句话说，许多计算机发生死机是由制造商们对于长期使用后的产品状况一无所知导致的。

贫乏的资源

1945 年至 1990 年间，在苏维埃政权国家出现了多少优秀的商业设计呢？在我所有的设计书籍中，我无法找到任何一个案例。这说明当自由的思想和自由的企业受到压制，经济难以发展的时候，设计是首当其冲的殉难者之一。

倾斜的优先导向

产生坏设计的三个主要因素中，这一项是最复杂且最有趣的。我们已经看到公司利益优先如何引发了世界贸易中心的悲剧，现在让我们看看管理部门如何以更微妙且更粗劣的方法破坏一个产品的设计。我们应该时刻牢记，企业设计遵循着石头、剪刀和布的模式。管理部门的优先权就像是石头，而设计则被迫成为包裹着它们的布，并面临唯一的命运，那就是“在真实世界中使用”这把剪刀剪碎，当然这把“剪刀”也会被管理部门优先用这块“石头”砸碎。

2004 年春天，就在 Lowe 电器店把我新买的 GE 牌冰箱运到我家时，带有安全隐患的难题也一并到达。两个壮硕得足以为费城老鹰队建立完美防线的搬运工人，沿着车道将木板箱用台车推了上来。壮汉们在前廊将这台新家电的包装拆去。这看起来已经有点奇怪了，更别说之后的情况了，那对我来说就更奇特了。他们随后就走进厨房准备搬走那台旧冰箱。

但是，当他们进入厨房看到那台旧冰箱时，便开始犯嘀咕并不停地摇头。

“对不起，先生，”更高大的那位指着我那台古老的 7 英尺高的 Sub-Zero 说道，“我们可处理不了这个。”

我向他们明确指出，我已经特别告知 Lowe 电器店，他们必须搬走的是什么样的机器。但是，搬运工人让我明白这种内部达成的交流并不属于他们商店的交易内容。

他们离开后，我打电话咨询搬运公司。他们可以完成搬运的工作，但是相应的费用已经能让我买一台新冰箱了。

于是，我想起了比尔·科尔特，他就像勇敢的杰克一样，可以完成任何交易。他的住处距离我家有 3 小时的车程，他有一台大货车，并能以合理的价格雇佣工人。我打电话到他家，他想起之前来我家时曾经看到的那台 Sub-Zero，并向我表示要搬走它一点问题也没有。

第二天中午时分，比尔带着他的手推车来到了我家，跟他一起来的还有他的工人莱斯，长得瘦瘦小小的。我们三个人在厨房站了几分钟，打量着那台旧“怪兽”并讨论了一下将它搬出厨房的移动路线。很快我们就得出结论，比尔一定会想办法把它解决掉。于是，我便溜回书房，坐下来开始写稿。

书房正对着厨房的前厅，因此我稍稍瞥一眼便能看到他们进行得如何。其中有一个时刻，我发现他们两人和机器共同形成了一个非常笨拙的姿势。比尔已经靠近厨房朝外的那扇门，使劲拉着Sub-Zero的底部，而可怜的莱斯则举着上半部分，另一只手还得同时推动平板车。

就在一瞬间，莱斯突然摔倒，并开始尖叫求助。原来他不小心一脚踩空，而整个冰箱的重量立刻就把他朝着地板压了下去。我马上跳了起来，大跨步过去救他。幸运的是，正好有个角度让我能够把冰箱抬高几英寸，足够让他能从下面爬出来。

接下来的摆放工作没有发生事故。当他们离开后，我终于有闲暇欣赏我的新冰箱了。然而，我发现之前我心中那份隐隐的不安也终于被证实了。它看上去就像是上帝愤怒之下的产物。它的型号应该是配置面板的，但是面板没有被一起送到。在GE官网上选择型号的我，以及订购商品的Lowe电器店员工，都没有看到任何警告信息提示我们有些零件或配件需要另行购买。

面板过了好几个月才运到，并且又是一大笔钱。

那么，我这个悲惨的经历与设计的哪个环节有关联呢？答案是：每个环节。制造出这样一台轻而易举能让搬运工人残废或者死亡的冰箱，可以说几乎就是管理部门优先主导的结果。Sub-Zero将它的市场定位在高端与低端之间，是与橱柜深度相同的“设计师”

款冰箱。为了不破坏厨房操作台的轮廓，这台冰箱从容积上而言很浅，但也因此它能够呈现一个“被设计过的”外表。为了追求更显著的高档感，顾客还可以选择仿木纹的款式，比如橡木、樱桃木、枫木等等，以保持与橱柜相同的外观。但是，这种与橱柜深度相同的冰箱给设计师们带来了特殊的限制。深度变小意味着空间减少，这就需要依靠更大的宽度来进行弥补。Sub-Zero则不仅加大了宽度，还做了加高的设计，以便在冰箱的上半部容纳第二个压缩机来实现聚合制冷效果。设计师尽量满足了优先导向的需求，这样做的结果便是他们创造出了一个怪兽。

恰恰是这第二个压缩机的重量，使莱斯在我家厨房的地板上，处于一个近乎绝望的境地。

这个故事的意义在于，它告诉我们管理部门优先导向与好设计并不总是能够相互融合。当然，这种设计灾难也并非仅仅在产品上有所体现。当用户体验前端管理可以对产品设计做出独裁式的决策时，他们便有可能暂时篡夺设计师的权力。关于这种决策所内含的风险性，我们可以看看1944年美国第三军团计划提前穿越欧洲进军德国这一悲剧性的例证。在陆军、空中支援、军备物资和运输方面，同盟国自信对德国防卫军掌握绝对优势。但是，德国的装甲部队，特别是虎式和豹式坦克，则是潜在的死亡威胁。彼时陆军上将乔治·巴顿［George Patton］，身为第三军团总指挥官，面临一个重要决策：究竟是用谢尔曼［Sherman］M4中型坦克还是用铂星［Pershing］M26重型坦克来武装自己的部队呢？前者相对小型且单薄，而后者的大小、防弹性能和火力则与虎式和豹式坦克旗鼓相当。以他作为高级指挥官的经验，他最终选择了谢尔曼。他相信比起铂星，谢尔曼更可信赖以及更易操作，并且能够停留在德国坦克的射程之外。然而，这个决策让同盟国付出了沉重的代价。在随之而来的对战中，德国坦克调整射程对准了谢尔曼并摧毁了上百辆坦克，这个数量只比他们实战演习多了一点。包括这次在内，美国在装甲战役中的一次次失败实质上帮助德国完成了它的反击，那就是“突出部之役”，最终造成了美国的伤亡人数达 18 万。[1]

就算是自由设计师，没有管理部门的束缚并独立完成自己的工作，也有可能受累于他们自己的某些优先导向。举例来说，托马斯·杰斐逊［Thomas Jefferson］是一位有趣的建筑师，却也相当奇特。他着迷于八边形，并在白杨林［邻近弗吉尼亚林奇堡］以八边形分别打造了一幢别墅和一个户外厕所。像这样用八边形，以及其他如正方形、环形有着宽阔外延的建筑，都对建筑设计提出了一项挑战，那就是如何处理内部的中心区域。杰斐逊以另一个出人意表的想法应对了这一问题，他为此建造了一个长、宽、高均为 20 英尺的正方体房间。但是，尽管这房间使整体结构具有了某种哲学式的思考［带有共济会的象征］，却在宜居性上有所欠缺。[2] 整个空间没有引人之处，并且在功能定位上也很模糊。在人们视线的水平位置没有自然光射入，而且那个房间一定非常闷热。

在蒙蒂塞洛［Monticello］的庄园内，杰斐逊又放任了自己另一种特殊倾向，那就是对中央楼梯的厌恶。他认为那样做是浪费空间，于是为了节约空间，他迫使自己和住在房子里的人使用那些建造在不便位置的、又黑又窄的楼梯上下，同时也让这幢三层楼的建筑处于火灾的危险之中。此外，中央楼梯其实可以很容易地嵌入宽敞的门厅，但他还是摒弃这一做法，同时也将这幢房子唯一可以连接起公共与私人空间的设置给排除了。也许人们会想，这大概是因为杰斐逊想要以此来保证楼上房间内的个人隐私。但事实并非如此，因为他的卧室和书房位于一楼。[3]

关于“艾德赛尔评测”的提案

塞满灰尘的计算机、头重脚轻的冰箱，以及古怪反常的室内设计，这些都一再告诫我们，当一个制造者对使用的合理性不予考量或者坚持某种狭隘的优先导向，那么设计便会出现纰漏瑕疵。我们称之为“艾德赛尔法则”。如果我们以艾德赛尔为基准进行测评，那些尊重好设计原则的公司或个人从 −1 到 −10 记分，−10 便是最高分；而那些忽视甚至蔑视设计原则的公司则从 +1 到 +10 记分，+10 便是最差的分数。托马斯·杰斐逊在政治生涯中两项最著名的设计——《独立宣言》[*The Declaration of Independence*]和《弗吉尼亚宗教自由法》[*Virginia Bill for Religious Liberty*]也许可以获得两个 −10 分，而他设计的两幢居所则无法赢得同等光荣。将好设计视作使命的赫曼米勒［Herman Miller］公司制造了 Aeron 座椅、伊姆斯座椅等等，也许可以获得更大数值的负分。我那台恶魔般的冰箱是 Sub-Zero 的产物，这个公司应该能得到很高的正数分值，因为它的设计已经威胁到人们的生命。不过，就算是 Sub-Zero 这样犯了错的公司，却也并非故意违背设计的原则。这个“荣誉”属于一家软件公司。我答应为我提供情报的人不泄露他的隐私，因此我将使用假名。

马尔塔·海沃德为软件制造商雷古勒斯［Regulus］工作，是其对应市场的总监。在写给我的电子邮件中，她向我描述公司中的组织权力是如何对她的设计产生影响的。她写道：“在这里，决策的形成是极为分散的状态，以至于一旦公司和个人对其进行法律追究，公司那些合伙人甚至可以用个人人格分裂导致的精神错乱作为申辩理由来逃避责罚。”鉴于相互冲突的优先主导带给设计的灾难性后果几乎无以比拟，我们猜测雷古勒斯在艾德赛尔的评测中将会遥遥领先，取得让人印象深刻的分数。据马尔塔称，雷古勒斯的某个团队曾努力为对手公司 Slinkytracks 编写一个名为“Genie！”的知识程序，并希望在该公司新开发的操作系统中运行。Slinkytracks 的人自然希望能够获得最好的设计，但是他们对新开发的操作系统三缄其口，雷古勒斯的程序设计师们几乎没有任何信息以做出更好的设计。

这是又一个例证，告诉我们相互冲突的优先导向是如何影响产品最终质量的。这个故事里，Slinkytracks 成了反派，而不是雷古勒斯，但最终却是雷古勒斯创造出稍劣的软件程序。

马尔塔开始为雷古勒斯工作的最初时期，“高层管理者向开发团队隐瞒了这个系统程序的预期使用者，因为他们并不希望竞争对手借情报泄露得知我们正在谋取的目标市场。这些程序设计者只是根据我们发展至今的软件做出相应的设计。这无疑是场真正的决斗。销售人员也因为一大堆理由，并不希望我们与实际使用者有任何接触”。在这里，管理层违反了一项基本的设计原则：优化使用。来自同事们的阻挠，使得设计师难以创造出一款真正适合用户需求的产品。我曾经提到过的那位传奇设计师杰夫·拉斯金写过，设计师应该像外科医生对待病人那样，对他们的客户承担起责任。在雷古勒斯这个案例中，我们可以把那些程序设计员与未被告知病情的手术医生相提并论。这让雷古勒斯得到了许多艾德赛尔分值。[4]

尽管隐瞒甚至欺骗在商业竞争中屡见不鲜，然而这些手段的应用使得公司自身的产品质量有所减损，这就太不可思议了。波士顿咨询公司［BCG］将这种行为标注为“妥协”，在这过程中，“行业整体将其自身的运作局限加诸在顾客身上”，即整个行业将公司自身的紊乱转嫁到了公共使用的问题上。[5] 在知识型行业中，这样的过失尤为讽刺，因为无论是在他们的广告语还是公司宣扬的宗旨中，启蒙和透明度是不断被提及的两大主题。然而，不仅仅是广告，就连产品本身都成为了某种谎言：一项自掘坟墓的科技，一种有毒的药。

尽管我也并未期待奇迹出现，但还是认为通过一些简单的机构改革，也许能够解决马尔塔提出的这些问题，并明显提高知识型行业的设计水平。公司管理层应对设计团队的策略和实践多加关注。公司销售团队则应该在内部问责制、信息的透明度以及信息的公开度方面，保持高度水准。公司各个层面的运营都应以价值为驱动，即产品的终极目标和价值应体现在使用户受益。

幸运的是，在雷古勒斯发生的这一系列疯狂举动并未延伸至整个知识型产业。Linux 和谷歌这些公司的事例便向我们表明，优秀的设计、兼容性、开放性甚至是慷慨的品质会组合成最有力的秘诀，使其在这个以信息、学习和发现为基础的行业中获得成功。谷歌在这方面的策略特别值得探究。在这个公司所有的创新产品中，我几乎想不到无法让用户极为便捷地扩充知识量的产品。考虑到它提供的多种服务，我几乎想不出第二个像它这样的知识源，能够如此自然地应对各种各样的知识需求。谷歌最为重要的应用，包括网页设计和服务器支持，都是免费的。谷歌的这一成绩及其在财政上获得的迅速且巨大的成功都向我们表明，在商业中获得成功的捷径在于为优化使用所做的设计，以及为用户增加知识财富所投入的大量努力。

谷歌始终明确自身的优先导向，并专注于贯彻这一原则。因此，它已经成为设计史上一座重要的里程碑。

[作者注]

引语：

Donald Norman,*The Design of Everyday Thing*(New York: Basic Books,2002);Paul Graham,*Hackers and Painters*(Sebastopol, CA: O'Reilly, 2004).

1 Belton Y. Cooper, *Death Traps: The Survival of an Armored Division in World War II*（New York: Randon House，1998），第 2 章。尽管 Belton 最初的评价受到了质疑，但他的观点与伤亡记录以及其他的一些统计还是保持一致的。M4 的战备不足已经成为国家新闻："纽约时报的 Hanson Baldwin 引用了某野战排指挥官的声明：'那个负责为美军提供坦克装备的人，他的过失在于为美军提供的物资比之敌方所拥有的装备实力起码晚了两年甚至更多。'美国联合通讯社的驻伦敦记者 Wes Gallagher 则报道了大众及官员们愤怒的反应：'他们已经受够了那些由华盛顿发出的声明，那些对美国装备的称赞。'美国联合通讯社的 Robert Eunson，身为第九军团的随军记者则总结道：

‘我们最伟大的资产，理所当然只能是人力。’” 出自 *Times*，1945 年 4 月 2 日。

2 建筑的八边形和正方体都具有共济会的象征意义。正方体可见于共济会祭坛的设计中。这一象征源自古埃及人（他们将其视为地球的象征），经 Plato 的 *Timaeus*、赫尔墨斯主义（Hermetic）哲学家以及蔷薇十字会（Rosicrucians），传至共济会。正方体同样也是希伯来和伊斯兰文化的重要象征，也因此对山崎产生影响，并反映在双子塔的设计中（见第 3 章）。在对自己的白杨林进行规划时，Jefferson 的脑中也许出现了位于威尔特郡的威尔顿庄园中那些著名的单立方室和双立方室，那是 17 世纪 30 年代按照赫尔墨斯主义和蔷薇十字会的原则设计的建筑。

3 关于蒙蒂塞洛的楼梯，可参见 Jack McLaughlin, *Jefferson and Monticello: The Biography of a Builder*（New York: Holt，1990），第 5—7 页。

4 同样值得关注的例子是索尼公司在开发便携式卡带机过程中对同一策略的实施，而这项公司保密策略恰恰阻碍了这项产品的开发：“很明显地，因为产品工程师与软件开发者之间没有任何接触，最终用户们将音乐导入到播放器的操作变得异常困难甚至荒唐可笑。索尼对数码版权的管理已经接近于核开发的保密程序。而苹果则建立了一个简化的安全系统，让用户可以从网络下载音乐并传送到一台电脑后，再传送至 iPod，整个过程相当简单，甚至连你的祖母都能在泡茶的同时完成整个操作。” 出自 Mark Singer, “Stringer’s Way: Can Sony’s British C.E.O Save an Ailing Brand？”，*New Yorker*，2006 年 6 月 5 日。

5 George Stalk、David K. Pecaut、Benjamin Burnett, “Breaking Compromise”，收录于 Carl W. Stern、Michael S. Deimler 编著 *The Boson Consulting Group on Strategy*（Hoboken, NJ: Wiley，2006），第 179 页。

6　黑暗的设计

所以，凭着他们的果实，便可以认出他们来。

——《马太福音》7:20

我已经将千利休与山崎实摆在一起进行比照，前者是一位坚持自己艺术理念并富有哲思的设计师，后者则是悲剧性地服从于当地权力机构的建筑师。但是，从言过其实、过分夸大到彻底的谎言，山崎的设计行为仍然是善意的，他从未把伤害使用者作为其设计生涯的目标。现在，我们就对设计拥有的黑暗特质做个简要介绍：那就是滥用权力的想法会侵入一名设计师的头脑。为了说明这一点，我们将追溯到最为独裁并具颠覆性的社会时期，那就是纳粹时期的德国。

在这里，我所说的“颠覆”是一项残忍并且有计划的行为。纳粹分子和右翼极端狂热分子杀害了社会活动家罗莎·卢森堡[1]、自由

[1]　Rosa Luxemburg [1871—1919]：德国马克思主义思想家、革命家。

派的瓦尔特·拉特瑙[1]以及温和派的库尔特·冯·施莱谢尔[2]。对犹太人和吉普赛人的迫害不断升级扩大，并最终在 1941 年设立了死亡集中营。希特勒甚至无法容忍在法西斯阵营中出现与他旗鼓相当的对手。1943 年，他的拥护者暗杀了纳粹头目恩斯特·罗姆［Ernst Rohm］以及奥地利纳粹分子恩格尔伯特·多尔夫斯［Engelbert Dollfuss］。他们并非因为政治原因被杀害，他们的罪名在于“他们不是阿道夫·希特勒”。

除了武器的生产，设计在德国面临的困境与人们的遭遇相差无几。著名的包豪斯学校被纳粹定性为落后腐化，并被勒令关闭。于是，创始人及老师瓦尔特·格罗皮乌斯[3]、路德维希·密斯·凡·德·罗，以及保罗·克利[4]都离开了德国。希特勒对激进的、现代派的设计和艺术向来缺乏好感。他试图将德国人的品位带回到罗马帝国时期的风格以及古老的日耳曼传统，认为那才是设计及艺术等风格的真正起源。我们已经领略过他如何胡乱运用罗马式的设计对人民大厅进行翻修重建。也许，这更能向我们揭示，他作为一名艺术家是如何思考的。因为他曾经是一名技巧娴熟的画师，年轻的时候还尝试过售卖作品来养活自己。

希特勒热衷于建筑学研究，他的水彩画《风景》同样显示出他

---

[1] Walter Rathenau [1867—1922]：魏玛共和国外长，犹太裔实业家，创立通用电气。

[2] Kurt von Schleicher [1882—1934]：德国将军，魏玛共和国最后一任总理。

[3] Walter Gropius [1883—1969]：德国现代建筑师和建筑教育家，现代主义建筑学派的倡导人和奠基人之一，包豪斯学校的创办人。

[4] Paul Klee [1879—1940]：德国艺术家，被称为“20 世纪最重要的艺术家之一”，曾在包豪斯学校任职。

的爱好。作品描画了一个小镇的风景。主题的选择，加上中世纪的塔楼和城墙，都向我们显示对远古时期的怀旧情绪已经成为他思想的一大特征。整体的构图有着明信片以及其他大众化装饰图的风格。希特勒对线条的勾勒如此谨慎小心，以至于我们好似在看一幅艺术院校布置的练习画作。我们可以看出他刻意避免出现粗陋的笔法，却也因此错失了令人目眩的色彩以及光的复杂性，而这恰恰是那些与他同一时代的画家们在极力探索表现的。值得注意的是，他在画面中对垂直纵深感的强调，仿佛城墙、建筑物和塔楼尚不能完全满足他对高度和力量的表现，他以两棵高大笔直的柏树试图让观看者拥有绝佳的视点。

通过希特勒的艺术创作我们可以对他的心理做出一些评估，在这之前，让我们先看看远在英国，他的头号敌人温斯顿·丘吉尔［Winston Churchill］的艺术创作。丘吉尔 40 岁时才执起画笔，并坚持创作了将近五十年。他非常热爱绘画，并且不同于希特勒，他的作品被列入博物馆收藏级别。就算是那些他用化名完成的画作，都被售卖并悬挂在显要的位置。我们眼前这幅《卡尔卡松的风景》［*View of Carcassonne*］是体现他理念和技法的典范之作［其中很多具体元素与希特勒的《风景》有相似之处］。丘吉尔宣称艺术应该具有某种大无畏的精神，因此他始终追随印象派画家的风格，反对用精细准确的画笔来表现光与色彩之间那种充满生机的相互映射。而他对整体形态的感知却强有力地将色彩汇集，形成了一种有趣的逻辑关系。与希特勒严谨的画面线条大相径庭，丘吉尔运用不规则的线条和大致的轮廓勾勒出小镇的楼房，在暖色调的映衬下，画面中的小

阿道夫·希特勒，《风景》[*Landscape*]，1919 年。

温斯顿·丘吉尔，《卡尔卡松的风景》[*View of Carcassonne*]。由 Anthea Morton-Saner 代表 Churchill Heritage Ltd. 许可复制。©Churchill Heritage Ltd.

镇活灵活现，显得生机勃勃。希特勒画中的柏树，因其坚硬笔直的线条而被突显，相反，丘吉尔所画的柏树在阳光照耀下，仿佛覆着一层跃动的火焰。

诚然，希特勒画的是水彩画，而丘吉尔的作品是油画，两者似乎难以相提并论。但是在两幅作品之间进行心理层面上的比较却是可行的。希特勒的《风景》是一种对控制的宣誓：它使建筑物凌驾于大自然，让城墙超越了人类，垂直的线条淹没了水平线，甚至

［也许］是来自于他的美术老师的控制，他们曾经教导他绝不能背离线条的精确原则。丘吉尔的风景则细致入微地表达了愉悦的情感，当某人与社会和谐相处，在家中有艺术作伴，在这种状态下，他方能让自己享受这种将自然刻印出来的创作。可以说，希特勒的设计禁锢了活力，而丘吉尔的设计则将其释放。我们看到20世纪最为杰出的自由主义卫士们都拥有这样的艺术特质，难道仅仅是巧合吗？

艺术风格如是，艺术家的性情也可见一斑。对丘吉尔来说，绘画于他是一次对工作的愉快逃离，而希特勒的艺术却无法逃脱他思想的牢笼。

这样的宏微观类比性在1920—1930年代的德国哲学中也有所体现。当时，最具影响力的四部德语系哲学家著作分别是路德维希·维特根斯坦[1]的《逻辑哲学论》［*Tractatus*，1921年］、马丁·布伯[2]的《我与你》［*I and Thou*，1923］、马丁·海德格尔[3]的《存在与时间》［*Being and Time*，1927］，以及卡尔·波普尔[4]的《科学发现的逻辑》［*The Logic of Scientific Discovery*，1934］。维特根斯坦、布伯和波普尔都有犹太人的背景，并在德国和奥地利之外的大学任教。

---

[1] Ludwig Wittgenstein [1889—1951]：奥地利裔英国哲学家、数理逻辑学家、语言哲学的奠基人，20世纪最具影响力的哲学家之一。

[2] Martin Buber [1878—1965]：德国宗教哲学家、翻译家，主要著作有《我与你》、《人与人》等。

[3] Martin Heidegger [1889—1976]：20世纪著名的德国哲学家，存在主义哲学的创始人，现象学的重要代表。主要著作有《存在与时间》《路标》等。

[4] Karl Popper [1902—1994]：犹太人，出生于维也纳的一个知识分子家庭，后入英国籍。20世纪最伟大的哲学家之一，英国皇家科学院院士。1964年获英国女王授予的爵士头衔。

而海德格尔则留在德国并积极响应纳粹的事业。他在故乡的弗莱堡大学获得一定影响力之后，参与了迫害犹太人的行动［其中甚至包括自己的指导教授埃德蒙德·胡塞尔］并在众多前线战场宣扬希特勒的信条。但是，当德国在第二次世界大战中战败，他从不放过任何一次机会将自己的过去与纳粹主义的关系简缩至最低程度。

他这种混淆视听的行为，在某种程度上可以说是成功的。因为这么多年来，人们已经接受了对他的评价：他是一个伟大的哲学家，只不过在政治上有所混淆。1 如今，这个底线已经破裂，部分的原因在于它曾经且始终建立在两个错误之上。第一个错误在于，人们设想哲学层面的探询可以完全与政治无关。这当然是不可能的。原因很简单，那就是哲学本身无法完全脱离社会的各种相互作用。第二个错误显然来自于粗心的阅读所导向的猜测：人们认为海德格尔并没有在他的代表作《存在与时间》中表明自己的政治立场。结果发现，海德格尔的这本书不仅在政治表述上有过失，甚至对他身处的时代而言是非常适用的。1999 年，约翰内斯·弗里切[1] 开始以比较政治学的角度潜心研究《存在与时间》。

根据弗里切的研究，海德格尔关于人类与命运相互关系的观念与希特勒完全一致。正如海德格尔的观点是人们必须主动实现自己的命运并排除所有反对势力。这是海德格尔著名的造词“Dasein”［“此在”，即实存的本真］在政治中的表述。

[1] Johannes Fritsche [1941—2010]：哲学博士，曾在柏林和纽约任教。

> 相对于普遍的此在和非本真的此在，要实现本真的此在，就需在一个险恶的环境中将其自身与“承继”相联系。这样一来，它便能够将那些拥有天命的此在者与那些不具有天命的人群，比如非本真的此在者区分开来。接下来，本真的此在意识到他所承继的以及他的命运便是“民族共同体”，正是这个使命召唤他们为之奋斗……在意识到这个之后，本真的此在便将自身传达至民族共同体以延续生存，并辨识出奋斗中的当务之急。最后，本真的此在再次重申其对过去和对民族共同体所拥有的制霸，并开始自身的使命，那就是消除世界上所有非本真的此在。[2]

根据文章的语境，“本真的此在”可以解读为纳粹主义，而“非本真的此在”则指向纳粹当时及未来的受害者。[一个民族共同体是希特勒理想中的共同体模式。]

弗里切的这一论述主要基于《存在与时间》第七十四节的解读。在这一章节，我们可以发现海德格尔最阴暗也最独裁的一面，他所构思的概念显然难以用通常的方式理解，而必须用造词进行释义，比如:“被抛性”[thrownness]，“生存上的”[existentiell]，“事实性地”[factically]，“同样原初地”[equiprimordially]。[3]经过反复阅读，某个画面慢慢出现: 某个[假设是德国]国家精神[此在]可以通过追溯其历史，选择一名英雄并不惜冒道德之大不韪，实现自身的本真化。因此，无需特别提及希特勒或者纳粹党，海德格尔都在为他们的霸权提供一个具有普遍意义的依据。弗里切将这些概念与当时右翼理论家发表的其他概念联结在一起，特别是卡尔·施密特［Carl Schmitt］和希特勒本人的论述。

最近，伊曼努尔·费伊［Emmanuel Faye］则在他的著作《海德格尔:从1933—1935未发表的学会论文看纳粹主义被引入哲学》中，增加了更丰富的资料以佐证反对海德格尔的立场。他在书中罗列了许多信息，来揭示海德格尔激昂并极端的纳粹主义，并总结道:“在马丁·海德格尔的著作中，哲学最根本的原则被瓦解。道德的主张不见踪影，它已被公开甚至激烈地完全消除。对人类个体的尊重、对毁灭的抗拒、内心对道德持有敬畏并转而对自己产生作用，以此衡量一个人的思想、言语与行为，当然还包括宽容和奉献——所有这些对人类而言至关重要的品质，实际上更需要哲学进行培养和强化。然而，这一切在海德格尔的论述中都被抹去，让位于对‘高贵人种’的颂扬追捧。”[4]

我们无需对海德格尔的“此在”所具有的政治外延做过多学术分析。作为一种社会革新的模式，它理应同所有形式的设计一样，接受同样的严格审查。[5]根据所有相关的标准，海德格尔的社会计划显然是失败的。这个计划不具备持续性，耗费巨大的人力资本并且过程充满了痛苦与丑陋。将自身建构在有着专制意味的“天命”之上，这项计划注定无法付诸现实。与其说对基因进行优化，倒不如说它推动了近亲繁殖和退化。这可以说是与自然和人类天性相抵触的行为。最终，第三帝国的历史向我们展示，它所创造的是前所未有的危险。海德格尔绝非一位天真的政治学者，而是一名自负狂妄、大放厥词并刚愎自用的理论家。出于对权力和控制欲的渴求，他将自我反省的行为置之不顾。

无论是作为艺术家的希特勒，还是思想家海德格尔，他们都负有同样的无耻罪名，那就是将自身的意愿强加在他们的同伴身上。权力以及对权力的渴求便如无孔不入地渗透至艺术和设计，直至他们的心理根源。与希特勒和海德格尔一样，日本军阀丰臣秀吉对于权力的欲望也已经延伸到了他对待茶道的态度上。只有这世界上的千利休们能够坚持设计的真实性，因为这些勇敢的灵魂早已准备好面对权威决不臣服，敢于在挑战险阻的同时，展现人类拥有的高贵品格。

让我们对千利休的成就做一次全面的了解。在对茶道重新进行阐释的过程中，千利休将例行的庆典活动转变为一种具有革命性的传播媒介。这样一来，他同样改变了这种传播的本质，从一个以阶级为本的礼节交流，转换成了一种平等个体之间以知识为基础的对话。这个平和的创新带领日本进入现代世界，它如印刷术的发明一般，具有历史性意义，为随之而来的变革与进步开辟了一条道路。也许丰臣秀吉对这些迹象已经有所警觉，在千利休身上，他看到了某种针对其独裁制度的威胁，以及更令他感到害怕的——自由的设计。

[作者注]

1 关于海德格尔支持纳粹活动的详细批判开始于 1989 年，以 Victor Faria 的著作

Heidegger and Nazism（Philadelphia: Temple University Press）为开端，引发了一系列关于这一问题的讨论并持续至今。

2 Johannes Fritsche，*Historical Destiny and National Socialism in Heidegger's "Being and Time"*，编者 Joseph Margolies、Tom Rockmore，法语资料译者 Paul Burrell、Dominic Di Bernardi，德语资料译者 Gabriel R. Ricci（Berkeley: Unicersity of Caligornia Press，1999），第 67 页。

3 此处援用 John Macquarrie、Edward Robinson 的译本，Martin Heidegger，*Being and Time*（New York: Harper and Row，1962；rpt.1998），第 434—39 页。

4 Emmanuel Faye, *Heidegger: The Introduction of Nazism in Philosophy In Light of the Unpublished Seminars of 1933—1935*，译者 Michael B. Smith，前言 Tom Rockmore（New Haven: Yale University Press，2009）。

5 请参见第 3 章关于好设计应具备的一系列特质的论述。

7　与设计面对面

“人生而自由，”让－雅克·卢梭［Jean-Jacques Rousseau］于1762年写道，“却无往而不在枷锁中。”对于两百多年前千利休为争取自由所付出的努力，卢梭无从得知，或许也并不会赞同千利休那种温和谦卑的方式。然而，这两位思想家仍然可以被视为同一个改革主体的一部分。他们长期的奋斗都围绕着设计、真理和权力这几个重心。在茶道中，千利休设计了一种可以让他的文化拥有权威的社会互动形式。卢梭则与同时代的本杰明·富兰克林［Benjamin Franklin］和托马斯·杰斐逊一起，制作了一系列宣传册、声明和法令，开始对自由的政治机构进行设计。通过这些行动，他们阐明了本书的中心原则，即设计“构建、控制并引导能量及被赋予的权力，否则它们也许会被杂乱无章地使用”。在21世纪初期，自由与平等作为前提，为大多数社会思想提供了坚实基础，并且根据自由引申出各种概念，在这些概念中，“解放”在全世界范围内得到了最多的拥护［真诚地或并非如此］。在我整个人生历程中，设计所参与的那些自由与权威之间的对话，对我有着重要的影响。

设计中的少年时期

我曾经养过一只狗，在1973年有那么一段短暂而闪光的时期，它成了设计团体的一员。那是一只名叫麦克斯的小萨摩犬，它出生在俄勒冈尤金市东南面，一个邻近威拉米特河主河道的农场里。4个月大的它已经有了全身的白毛，就好像是嬉闹蹦跳的粉扑一般。工作日的早上，妻子和我必须各自上班，于是便把麦克斯关在了后院，不过我们只是简单地用杉木做了栅栏。我们知道它会感到无聊，便留了些旧玩具让它玩，就是些颜色鲜艳的小玩具，像是一个橡皮鸭啊，还有三个上了色的建筑物拼块。一个晴朗的下午，我们回到家，眼前呈现一幅奇妙的景象。麦克斯在杉木栅栏下刨了一个快一米宽的缺口，把它的玩具从缺口推出后院，在人行道上都可以看到，并且间距平均地摆好，就好像是商店橱窗一样。这个场景是麦克斯用它的鼻子完成的，它尽可能把那些玩具从那个缺口推出去，排列成它的玩具展示，它的黑色鼻尖甚至兴奋地熠熠闪光。

谁知道它为什么要这么做？也许它努力想用这个方法吸引玩伴吧。我曾经读过有关动物的文章，其中提到通过学习或训练，动物可以获得让人印象深刻的技巧。比如，阿西西的狒狒学习模仿著名画家博纳米科·布法马可[1]在教堂墙上留下壁画：在某个夜晚，狒狒偷偷溜进教堂，“跳上了那个博纳米科·布法马可在工作中曾经使用

[1] Buonamico Buffalmacco［活跃于1315—1336］：意大利画家，对壁画的发展影响巨大，留下的作品较少。

的脚手架，将装着涂料的瓶子一个个全部倒出来，混合在一起，并打碎所有鸡蛋，然后开始用刷子涂抹墙上画着的人物，一刻不停息，直到它自己把画面重新涂刷完成。”[1]但是，麦克斯从未接受过也没有学习过有关广告和陈列展示的技能，它爆发出的创造力来自于纯粹的灵感。

麦克斯的天赋源自于它还是只幼犬，但随着童年的消逝，这种天赋也随之消逝了。随后的几年，它安于成为长辈们安静沉稳的同伴，又或者是小孩子们柔软舒适的枕头。

设计，在富有智慧的使用者手中，可以让人类得到自由，相反，若是滥用或置于错误的权威之下，会压制自由，这些例子我们都曾目睹。但是，我们尚未发现设计与权威之间的第三种关联，它并不那么极端却又相当重要，那就是设计师们在实现自己的想法时，能够感受到自身被赋予的权利。这样的经验其实与童年时期紧密相连，因为当我们还是孩子的时候，对于重新改造我们自己的个人世界，并不会那么难以接受。不同于人类体验到的其他感觉，创造或重塑带来的兴奋感，是每一个孩子都乐于享受的，也会给每个年龄阶段的人们带来欣喜和重生的感觉。这种兴奋感也许会在青少年时期向我们涌来，那时世界对我们来说依旧呈现出令人赞叹和不无神秘的一面，从而充满活力。它们也有可能会晚一些才来临——当环境迫使我们重新审视自身拥有的个人技能时。当我们为一些特殊的工艺品或发明而感动时，这种兴奋感也有可能随时降临，因为那时我们面对的是设计的本质。在这种时刻，我们终于直面一个长期隐藏的关于自身的真相，即我们有天赋去重塑环境。在这种时刻，我们重新与人类延续体相连，并由此意识到我们隐藏的潜力。

我被设计的思想深深吸引已达数十年之久，感动于其在家庭需求、职业经历和个人享受中的出色表现，以及在偶发事件中的循循善诱。我与设计的相遇总是那么令人振奋，特别是它们带给我一种与周边世界有着特殊而紧密关联的感觉。

至少，当我回首过往，它就是这样的。我的青少年时期基本在新泽西州小银镇度过，与一些安静却富有创造力的小伙伴一起。夏天的下午，我经常和我的邻居吉米·哈维一起拐过街角去找他的好朋友大卫·简斯基。我们找到他的时候，他通常悠闲地待在他们家后院，一边把可口可乐倒在勺子上小口啜饮，一边听着便携式收音机里播放著名棒球解说员雷德·巴伯［Red Barber］现场转播布鲁克林道奇队的比赛。正是在这个后院，吉米和大卫完成了一项计划：在吉米家定期举办集会，玩些投机游戏、聚餐，以及抽奖，这个项目让他们在邻里之间颇有名气。这种超前的商业主义意识，伴随着刻意表现出来的资深商贩的样子［吉米和大卫一直叫喊着“他赢了大奖！”］，确实吸引了许多更小的孩子，带着他们攒下来的大堆零钱前来参加。

还有乔尼·帕森斯，我们班上的明星。他每件事都很擅长，也许唯一不擅长的便是做个乖孩子。当我们到了青春期并开始思考人生中的重要问题——女人、香烟和酒时，乔尼突发奇想将他们家大车库的阁楼改造成功能齐全的邪恶巢穴。接着，与班上其他三位同学一起，我们成立了一个俱乐部，并开始用自己能找到的不良物品堆满这个旧房间。很快地，壁炉台摆上了第五支“四玫瑰威士忌”，地上到处散乱着《时尚先生》和《花花公子》，空气中则弥漫着从我那支细长的梅花烟斗中飘出的艾伯特王子烟草的臭味。我们的活动，还包括未经许可地驾驶帕森斯家的吉普车，而且完全没有被他们家的任何人察觉。更让人吃惊的是，乔尼的父亲可是我们的州检察长。

那时，我并不认为大卫、吉米或者乔尼的这些举动有任何不合常规之处。大卫和吉米发起的那个集市，对我而言只不过是他们街头实战中的又一次胜利，而乔尼的颓废俱乐部带给我的影响则是他简单的好品位。毕竟每个尝试过的人都知道，冰镇的可乐要比用勺子啜饮来得好喝多了。但是，我将所有这些怪癖当作是我熟悉的这个世界的一部分全数接纳。

当然，还有我自己的诸多怪癖。10 岁的时候，我自己写过一篇详细的论文，关于如何在被窝里保持脚趾头凉快，现在已经不知所踪了。初中每个学年，我都会制作一本绘本作为庆祝。我找到一种方法，将落满金银花的树冠变为舒适的藏身之所。我甚至与俱乐部成员巴里 · 舍伍德一起，发明了一种接触式运动。它的规则是这样的：我们分别找一辆老旧的厚轮胎自行车并撤掉挡泥板。每个星期我们会把旧报纸攒起来，等到周日，小镇里食品市场的停车场便会空出来。我们就各自骑车到约定的停车场，将旧报纸卷成 14 英寸长的棒子。我们骑上自行车，右手拿着棒子，开始一场现代版的骑士决斗，用尽全力猛击对方的头和肩膀。最先被打下自行车的人就算输了这场决斗。

巴里和我就这样在互相打闹中建立起完美的友谊，他跟我打招呼时，最常说的便是:“嗨，罗比！要不要来一场？”

我们的这些伎俩如此微不足道，远远超越这些的是商业设计对我们青少年时期产生的影响。当时我和我的同学们无从得知，其实我们与历史性的潮流并驾齐驱。1940年代诞生的这些小学生们，是诞生于摩天楼下的第一代，也是诞生于工业设计成熟期的第一代。“二战”后的经济发展中，数十亿的资金再度被投入到商业中，到了1950年代，对新奇事物的追捧愈演愈烈。

许多新奇事物甚至进入了我的内心世界。只不过当时的我对此一无所知，就这样成为了这个新兴文化设计的一部分。在这种文化主导下，具有独创性的量产商品有着近乎神秘的意义。1954年，年仅16岁的我可以说生长在一个繁荣的大环境中，但在一个小镇中却又相对封闭，对我而言，商业设计为我提供了许多改变生命的契机，并为我开辟了一个精彩绝伦的领域。1954年，派克笔的问世就此改变了我最热衷的消遣活动——写作。尽管我仍然坚持每天晚上用充墨水的Esterbrook钢笔写日记，但我非常喜爱卧室书桌上那台Royal便携式打字机，尤其是它圆弧形的轮廓以及符合人体工学的键盘。这些工具成了引爆一个少年创造性写作的导火索。干净利落的英式轮廓线以及反应良好的手刹，让我的Rudge自行车为自由和空间高声吟唱。晚上，我会坐在房间里做功课或者写诗，陪伴我的则是新买的飞利浦收音机播放的音乐，沿着它方正的轮廓排列着性感的象牙色按键。我的Davis球拍，有着纤细的拍身以及优雅的抛光色泽，为我的网球行头增色不少。我第一次乘坐的飞机是有着未来风格的洛克希德“星座”。甚至6盎司的可乐瓶，也因着充足的容量和令人愉悦的触感，向我们述说着一个更美好的世界。还有，在上大学之前，我收藏了好多卡其裤。它出现在《一个美国人在巴黎》[*An American in Paris*] 这部电影中，因吉恩·凯利[1]而变得备受瞩目，然后成了常春藤联盟大学的招牌着装。往后几年，安迪·沃霍尔[2]完成了这些设计壮举的本垒打。而我作为一个前沃霍尔时代的男孩，只能表示惊奇。

洛克希德“星座”飞机，洛克希德马丁航空公司提供照片。

那一年春天，让我得以浸淫在商业设计中的最具代表性的事情发生了。父亲订购了一辆新的别克“世纪”四门硬顶轿车，并把别

[1] Gene Kelly [1912—1996]：美国著名男演员，代表作《雨中曲》。

[2] Andy Warhol [1928—1987]：被誉为 20 世纪艺术界最有名的人物之一，是波普艺术的倡导者和领袖，也是对波普艺术影响最大的艺术家。

克的图录带回家给我们看。1954 年的车型生产线对通用汽车而言是全新的。总设计师哈利 · 厄尔 [Harley Earl] 为这款新车设计了同样扁平式的引擎盖和行李厢，有着刮雨器的挡风玻璃，摈弃了车门的边框并着重强调车的外观。这一革新的理念完全可以与第一辆科尔维特 [Corvette] 和 1957 年款的雪佛兰这样的经典设计相提并论。但是，1954 年的这辆别克“世纪”，有着好玩的鲨鱼式的散热栅，利落且富有流动感的外形线条，以及有着两百马力的 V8 引擎与轻型车架的组合，对我而言已经足以媲美任何经典设计。这是一次四轮驱动的洗礼，是一次迈向喷气机时代的精神之旅。一年后，它成为我驾

1954 年别克“世纪”，Lee Suttles 提供照片。

驶的第一辆家庭用车。在我首次独自驾驶时，我决定光着脚开车，这样一来，机器与男孩之间的交流实现了最大化。无论如何，我已经与我的时代密不可分。

一年后，我父亲又为家中的车阵增添了一辆黑白相间的别克“路霸”[Roadmaster] 半敞篷车。直到我读高中为止，这辆敞篷车可谓独领风骚。那是我待在家里的最后一年，我青少年时期的最后一年，同样也是让我好好体验小镇特有的温和氛围的最后一年。但是，当我离开这个从容的环境，进入大学校园那个狂热的世界中时，便完全无法忍受那些主导高等教育的审美和学术权威。甚至引发了多个神经性反应症状，其中之一便是我完全停止了创造性的写作。我把我的玩具拖回到栅栏下面，很多年都不再把它们推向栅栏外的世界。

并非完全出于巧合，同样的力量也出现在宏观世界。在 1960 年之前，也就是 1950 年代中期，曾经充满创新的商业世界，开始倾向于资产阶级保守派的模式。1957 年的雪佛兰 Bel Air 有着整齐、经济的生产线，却在 1958 年面临妥协，并于 1959 年被灾难性的合金怪兽代替，它看上去就是母老虎的座驾。[2] 而福特在“艾德塞尔”[1958—1960] 大出洋相之后，却并未从中汲取教训，继续生产着像鲸鱼、河马一般的大型车辆，直到 1964 年“野马”[Mustang] 的出现。总之，1960—1970 年代的美国轿车诞生自一系列被控制在近乎真空状态中的理念。这一状况让严肃认真的设计师们灰心丧气，同时也迫使像杰里 · 赫什伯格 [Jerry Hirshberg] 这样的年轻设计师不得不寻找国外的生产商来实现他们的设计。[3]

与设计界的这些趋势相关联的是不断蔓延的文化不景气。民权运动、反越战抗议以及嬉皮士运动，都可以算作对美国权力机构闭塞、不诚信、高操控性趋势的反弹。那些反英雄式的形象，例如詹姆斯·迪恩［James Dean］、保罗·纽曼［Paul Newman］、史蒂夫·麦奎恩［Steve McQueen］等，频频出现在电影屏幕上，而各种形式的叛逆行为——无论是出于真心还是装模作样——都成了挑战传统生活方式的选项，比如磨旧处理的李维斯牛仔裤、滑板、结社，以及毒品文化等。

另一方面，公司行为则愈来愈缺乏诚信，甚至自我放纵。在1960年代，美国并非主要石油进口大国，这方面的财政结算依然是黑字，而且在那个时代，美国依然拥有世界领先的技术力和生产力。然而，这些优势已经开始逐渐衰退，我们却对此浑然不觉，将注意力集中在其他事物上。一个时代——大约三十年——过后，美国成为全世界最大的负债国，对于石油进口以及便宜汽油的依赖，在很大程度上决定了我们的军事目标，而制造业在经济中所占的比例已经低于20%。与此同时，依靠钱本身赚钱的行业［金融业］则上升到了整体经济的30%以上。相应的行政人员费用已经达到了普通工人工资的数倍，几近激发民愤的程度。烟草公司采取的犬儒策略，即抛出烟草是否致癌的错误质疑，则逐渐延伸至其他问题从而吸引了人们的注意力，例如全球变暖、进化理论，以及为入侵别国进行辩解等等。撤销管制和减税，从政策制定者的手段变为了目的，许多人不再把自己的未来建立在谨慎的投资储蓄上，而选择投资期货市场和房地产泡沫。2008年，房地产泡沫的破灭带来了大萧条时期以来最严重的金融危机，导致了数万亿美元的经济损失。部分归因于联邦行政体系对公司政策的绝对支持，而这些问题中的贪婪和不诚信依旧持续着。

那么，这是否就意味着1950年代比现在这个时代好呢？这样绝对的比较是没有意义的，也许换一种说法更为公平：在20世纪50年代，经历了大萧条和“二战”之后，经济慢慢复苏，孕育出一连串的商业创新，那些产物对易受影响的青少年而言极为合宜，因此，从这个角度来说，我们这些成长于1950年代的孩子是非常幸运的，我们得以与商业文化一同经历青年成长时期。

贝克的桌子

关于社会阶级，我自有一套理论。那就是，无论你赚多少钱，如果花费的钱少于赚的钱，那你就属于上流阶层；如果花费的钱多于赚的钱，那你就是下层阶级。而当所赚的和所花费的钱相同，也就是每个月花出去一百美元的同时，赚进来一百美元，那么，你属于焦虑阶层。

当我跟妻子还在抚养孩子时，我们属于焦虑阶层。我们努力工作，填补每个月的费用支出。每月按时还房贷，保证桌子上有面包吃。我们的房子位于山坡上，一辆二手车常年停在房子外面那条陡峭的车道上，随时准备载孩子们上学或者踢足球。但是，买一辆新车或者来一次度假酒店之旅则从未列入考虑之中。

我们也从未想过买一些称心如意的家具。不过，木料倒是很便宜，于是我开始自己做桌子。我设计了一款婴儿换尿布用的橡木桌，除了填充空间，它别无用处。我还设计了一张咖啡桌和茶几，并让本地一家名为 Eugene Planing Mill 的木制品商店派专家来把它们组装起来。

那么，我就此成为名家具设计师，并通过 Skymall.com 进行商品售卖了吗？并非如此。但是，那些桌子教会了我一些事。我意识到，通过设计这些桌子，我将贫穷本身转化为某种创造力。我超越了学术世界的束缚，而对日常生活中的物质进行了短暂的探索。我解放眼睛和双手，与不同的形状和材质进行交流。我为自己的小世界付出了努力并改变了它。因为这些原因，设计的实践便于我有了特殊的意义。

我设计的那些桌子让起居室熠熠生辉，并对整个房子都产生了一定的影响。但那时，我们依旧没有餐桌，而对于餐桌，我设定了自己的底线，那就是，我的设计天赋绝不会制造出高雅或者隆重的餐桌。

就在那时，比尔和达菲·贝克出现了。他们住得离我们很近，拥有一幢红色的大房子和同样让人印象深刻的红色车库，在山头占据了超过两英亩的土地。他们在校园经营一些零售生意，还有达菲酒吧，时不时会有联谊会和运动员聚会在那里举行。比尔特别喜欢家具。他的房子堆满了古董家具和手工制品，还有一张经典样式的四柱大床。车库里则都是些老物件，有些修复到一半，有些已残破不堪。

1970 年代后半期，贝克家举办了车库狂欢拍卖，恰逢我们这个焦虑阶级处于最低谷，而我想要用木头做些小玩意的欲望则处在半年一次的峰值状态。于是我告诉比尔，我需要一张舒适的餐桌但预算不多，他说："鲍勃，我恰好有些东西可以给你！"他带着我走向堆满物件的仓库深处，一路上不断向我兜售他那张闲置的四柱大床。一道阳光从后面射向比尔搜寻的物件，很快我便在一张巨大的橡木桌前停下，我觉得它会成为我们家往后 1/4 个世纪的标志，在这之前，我从未想过一件没有生命的物件会带给我这样的感受。

桌子看上去让人惴惴不安。因为大部分原有的涂饰已经脱落，暴露出来的木头则干裂或者积满脏污，还有灰蒙蒙的虫胶像补丁一般黏在一些地方。五条螺旋状的桌腿［中间那条用来支撑附加的活动桌面］看上去非常坚固，却需要数小时进行清洗和上色。附加的活动桌面已经没有了，而且桌子滑动收起时所需的那个木榫也断了。不过，最糟糕的是镶嵌板桌面。木板的一小部分已经没有了，还有一大块区域从边缘处开始磨损，并完全干裂到脱离了桌面，向空中弯曲长达几英寸，就好像在防卫着任何一个想鲁莽地修复它的人一样。

我跟比尔说，这看上去工程太浩大了。

"小事一桩，鲍勃。我可以带着你一起做。"他这么说着，收下了我的一百美元。

接下来的两个月，这张桌子就这么摆在我的车库里，备受瞩目。贝克、我的朋友比尔·罗基特，还有其他人，都给了我一些建议。我首先要将"猖狂"的面板压下去，让它们恢复平整——先把木头的面板弄湿，让它变成可以弯曲却不完全浸湿的状态，然后抹去多余的水分，并将面板压在一层胶水上，最后用胶合板加以固定，用一大块煤渣砖支撑住整块木板放置一整晚。这个方法奏效了。当我把煤渣砖和胶合板移开，那个在车库里的东西终于看着像一张桌子了。

那个下午，我从刨木工坊拿了一小堆橡木面板和一块 Exacto 刀片，把它们排列整齐，并依照桌子表面损坏部分的形状进行切割。切完后，再把它们黏合在一起。

接下去的好几个星期，我一直重复着切割木榫、漂白污渍、除去旧漆面、用砂纸打磨、黏上红色的橡木面板，再打磨、抛光、打磨、抛光的工作。最后，我终于完成了桌子的修复。整个过程中，我没有感到丝毫厌倦，反而经常在工作中充盈着静谧的愉悦。这张桌子正慢慢变成一件美物。我正在让它恢复本来面目。

同时，这个过程也将一些事物带回给我自己。修复这些美好有用的旧物，特别是那些家庭日常使用的物件，其实是让我们能够无限接近“过去”本身。这个过程给予我们的回报是精神上的。当我在这张桌子上花费大量心力时，我被带回到了久远的记忆中。在祖父母位于布鲁克林休伊斯街的房子，我待在他们的餐厅里，脑袋仰起的角度足以让我注意到那张樱桃木的大桌子上铺的一层玻璃。有时，这块玻璃会被抬起，他们会把从早报上剪下来的国家历史大事插进去，印象中最后一张是一则令人震惊的新闻。整个版面都被照片占据，报道的是罗斯福总统于 1945 年 4 月 12 日在乔治亚州温泉中心突然死亡。

正是在这张盖着玻璃的餐桌边，我坐在爪脚椅上摇晃着双腿，第一次关注到设计和发明。我的祖父尤利斯·卡尔森用他高八度的声调向我宣称，是他发明了可调节帽子。他告诉我他是一名帽子设计师，并向我解释帽子设计师是做什么的。他还说他曾为一家帽子工厂工作，还因为帽子的发明专利究竟是属于工厂还是属于他引发了一些矛盾。几年后，尤利斯在这个法律纠纷中落败，但是直到91岁离世，他也从未质疑过自己拥有这项发明的专利权。听了他的故事后，有好几年，我一看到可调节式棒球帽便不可自抑地泛起骄傲和遗憾的复杂情绪。[4]

最终，我祖父的那张盖着玻璃的樱桃木餐桌怎么样了呢？当我再次给桌子上第二层虫胶的时候，我觉得也许我可以追溯一下，但这又是为了什么呢？修复我自己的这张桌子让我得以用过去的眼光看待它，那个景象曾经只有孩提时代的我才能看到，而如今这幅景象已经永远地印入我的脑海。

几天后，当装饰面板全都完成后，我把比尔·贝克的这张桌子从车库搬到了餐厅，它的东面是厨房的吧台，西面则是一棵道格拉斯枞树。这样的格局真是太妙了。它把这个房子转变为家，并且在接下来的1/4个世纪中，它始终在那里为我们奉上食物，与我们分享三个孩子的成长，以及三代小狗在旁边的地毯上尽情伸展，伴随着轻松的音乐听我们的喋喋不休，也许也会对我们突如其来的尖叫感到困扰。在我的日记里，曾经描述过发生在1980年代中期的一个场景，那时，我们最小的儿子泰德才四岁，他坐在橡木桌旁：

> 4/23/87
>
> ……随着奥尼克斯[1]恢复状态摆脱第十五名的位置，安东尼和尼克的麻烦也神奇地消失了，但泰德却翻开了新的篇章，嚷嚷着“没劲”，不愿去日托所。我用各种手段间接拖拽他，其中包括一部电梯。我打赌他是对的。他成长的速度太惊人了，甚至超过了自己能接受的程度，因此他需要一些新的挑战。在今早发生的争吵之后，他问了一些关于“麦乳”［Cream of Wheat］的问题，还说：“什么是未来？我能看看吗？”我告诉他，只有通过精神能够看见，他必须闭上眼睛。于是我开始虚构安东尼长大的样子，尼克长大的样子，以及小泰德变成了父亲，有着爱他的孩子和妻子。

在那些日子里，那张橡木桌成了我们室内活动的集中地，也成了我们家庭交流和分享的中心及象征。以它为焦点，我们举办了没有章法的格鲁丁家族式的茶会。它宽阔方正的桌面以及饱满的棕色材质，创造了一个人文空间，营造了热情友好的氛围。它的防水表面承载了热茶杯和冰水杯。宽敞的中央则始终呼唤着火鸡、生日蛋糕或者大沙拉盘的降临。在某种程度上，它也激发了我的妻子，紧接着连尼克也会在前廊的陶工旋盘上制作杯子、盘子和碗，在本地的窑洞里烧制出来，并最终摆在桌子上。它非常适宜地满足了所有

[1] Onyx：前 F1 方程式赛车车队。成立于英国，创始人是迈克·厄尔 [Mike Earle] 和格雷戈·菲尔德 [Greg Field]。

餐厅家具的功能：促进并丰富了人们的对话。

但是，到了1990年代，慢慢地，这个家庭开始面临不可避免的分离。1996年开始，男孩们都离开家寄宿在学校，我的妻子则要每周离家去波特兰的刘易斯克拉克学院工作。橡木桌的桌面开始变得模糊和柔化，好像映射着那一去不复返的时光。我重新打磨抛光，多多少少有些复古情愁，但我知道很快就要到离开的时刻了。

1990年代末，我们卖掉了尤金的房子，开始在夏威夷和波特兰之间来回奔波，但是对于家具的历险却从未停止。1998年搬家的时候，我差点让自己丢掉性命。当我想把餐椅丢进垃圾场的时候，它撞在防护栏上并弹了回来，正中我的脑袋。晚些时候，我在蒙诺玛郡和克拉克默斯的商店里搜寻更舒适的餐椅，还将每一把买回来的餐椅都重新打磨抛光。

2004年，我们离开了波特兰的房子，现在，一直被放在储藏室的这张贝克的桌子，终于又出现在我们伯克利的餐厅里。将近35年的时间，它依旧承载着我们的记忆，并准备好在这个年轻的家中，在我们的记忆中重新创造生命和时间。

一名意外的设计师

几年前，我给我的电视遥控器做了个“手术”。我用了一项新技术，尽管它尚未被美国外科学院认可，但是我很高兴地报告，“手术”很成功。“病人”不仅被救活了，并且比它遭遇事故前的样子更好了。

任何一个曾经摔烂过遥控器，或者曾经眼睁睁看着孩子把它扔向地板，还有看着猫把它从桌上碰到地板上的人，一定都很想知道我的“手术”过程。但是，在揭晓答案之前，你必须思考一些问题，它们在我进行修理的过程中始终徘徊在我脑中，这些想法关乎设计和市场的关系。

在有些产品市场中，一件家居用品的耐久性，即它在日常使用的压力下能够持续的能力，被视为最优先考虑的问题。汽车市场便是其中一例。在第二种市场中，耐久程度则与价格成正比，并取决于消费者的选择。例如，电动工具的市场中，一台商业级别的高压清洗机也许会比一个周末使用版高出 10 倍的价格。“商业级别”意味着“这是一个真正的工具”。

第三种市场则接纳过时废旧之物，并以此进行交易。一台 2004 年的电脑或许还能够运行，但当它面临 2010 年的软件，也许就只能被自动装卸垃圾车运走了。计算机制造商可以通过更换所有组件来降低它的废旧程度，芯片、记忆卡和硬盘这些组装式的部件都可以轻易从主机侧面进行替换。之所以很少有制造商采取这样相对简单、人性化且低成本的步骤，是因为他们更多考虑的是资金而非设计的原则。

第四种产品市场则故意给顾客制造一些小小的却相当恼人的灾难，目的在于增加收入。例如，微软公司曾经因为其生产的软件与其他公司的软件不兼容而遭诟病，人们还要为获得“微软兼容”支付费用。当程序发生冲突时，“视窗”系统会弹出一个对话框，警告用户非视窗程序执行了一项“非法操作”且必须被终止。可怜的用户们只好丢弃正在操作的数据，就好像被告知:“开灯吧，聚会结束了。”而且，这都是你的错。

这让我又想起了我的电视遥控器。众所周知，典型的遥控器是一个轻量塑料制造的封闭的长方形物品，只有一个可以进入机器内部的孔：电池匣。滑动式的盖板一般都是用一个极小的塑料簧片来固定盖板的位置，使它能够恰好嵌入遥控器的塑料体。于是，整个遥控器的命运便有赖于这块小簧片的“存亡”。然而事实上，较之于遥控器的其他组件，恰恰是这个脆弱的小零件要间歇性地承受更大的压力。原因在于，5 号电池对它而言可以说是庞然大物。如果遥控器坠落时电池匣向下，那么那两节电池就好比是两颗导弹寻找出口一般，变得更为巨大。

试图发射的导弹是否会彻底粉碎这小小的毫无抵抗力的簧片？你可以打个赌。簧片被敲坏后还能让电池匣正常关闭吗？乌鸦答曰:“永不复焉。”那么，这个导弹袭击的受害者如何处理缺少簧片的物件呢？极少数人会找到零件型号，并从工厂直接订购一个新的遥控器，这大约会花费他们 40 美元，而新的还是和之前那个一样不堪一击。如果电池还能够紧密贴合遥控板，有些人会继续使用这个没有盖板的电池匣。还有一些人会去买一个“万能”遥控器，然而，它们同样易碎，并且有可能很难操作，通常缺少一些原配遥控器的功能。不过，大多数人采取的办法是用胶带将电池封在电池匣里。

不管人们如何处理，摔坏的遥控器都是小而经典的人为损失案例。凌晨时分，当我坐在沙发床上，不断换着频道，裸露在外的电池或者胶带黏黏的触感刺激着我的手指，又或者这个商店里买来的“万能”遥控器并没有我最喜欢的按钮等等，都让我感到自己受到了轻视和贬低。我不再是这个科技社会光荣的一员，而是被剥夺了权利的过时之人。而我那台发亮的大电视机，尽管一年前刚买［或者是三年前？］，现在看上去越来越像那头被乔治·奥威尔［George Orwell］的来复枪射中的大象——瞬间苍老。

这正是制造人员故意为之的。举例来说，日本松下就是这样的。他们其实很容易就能设计出一款经久耐用的遥控器，但取而代之的却是一款制造损失和麻烦的遥控器，并最终驱使人们回到商店购买一台新电视机。工厂出品的遥控器对我们而言与其说是一个用具，不如说更接近于一枚定时炸弹，被用于争取市场份额的战争。

我又是如何修复我的遥控器的呢？答案是：魔术贴[1]。我买了一盒 4×2 英寸大小的魔术贴，并将半英寸宽的带绒毛的一面粘在电池匣两侧的边缘处。我将摔坏的盖板贴合在遥控器上，然后剪了一块大小正好的魔术贴覆盖住整个电池匣和遥控器两侧，使其能够与两侧的绒毛贴相黏合。我把贴布拉伸得足够紧实，让它能够完全支撑住电池盖板。然后，为了让触感更舒服，我将贴布的背胶撕去，剪了块同样大小的魔术贴绒毛布，并将两者贴在一起。

你也许会想象，当我在进行这项修复时，嘴里正哼着古巴革命

[1] Velcro：瑞士发明家乔治发明的尼龙搭扣。由两条尼龙带组成，一条布满绒毛，另一条则涂有涂层，上有类似芒刺的小钩，两条尼龙带可以牢固地粘连在一起。另有别称魔术贴、万能带等等。

歌曲，或者不断抱怨诅咒着日本设计师。事实并非如此。我只是渐渐开始感觉良好。修理完成后，我坐进沙发床却并没有打开电视机。坐在那里，我开始回想起30年前的往事。那时，我对电视广告极度厌恶，便冲进无线电器材公司，买了一个扳钮开关，并将它固定在一个旧雪茄盒的翻盖上。然后将开关用线连到我那台1960年代老电视机的音控上，于是一个硬接线的静音器诞生了。电视广告出现的时候，我可以用我的脚让它静音。

这样的经历对我而言其实很少。它们通常始于失望和愤怒，而后进入恶作剧式的发想，并最终付诸行动与实践。那么，这些对试图剥削我的销售人员进行报复的行为，是否让我感到有所补偿呢?事实并非如此。那种有所补偿的感觉来源于自身的某种自治，以及能够在物质世界中采取行动而已。

设计知识

职场生涯中至关重要的是自我管理。你出现在办公室，一直埋首工作，然后回家。如果你够幸运，忙碌的工作会为你带来升职或加薪。如果幸运没有降临，那么你所牺牲的时间只是刚好让你能够维持这份工作。无论哪个情况，留给你的最终结果通常是繁重、单调和乏味。

除非你是一名大学教授。这样的话，你就可以有长时间的假期和整个夏天的闲暇时间［因为你的学生们同样如此］，而且大约每7

年，会有一个减薪休假年。这种休假传统源自于相当实际的理由，即利用这种假期制度，吸引合适的人们从事这份受人尊敬却收入较低的工作，并将他们留在这份工作上。同样，这也是给大学教授们一个充电的机会。事实上，对于休假年正式的理由便是他们为教授们提供合理的时间，让他们在自己的专业上更为精进，甚至让他们可以拓展新的研究和教学领域。

于我而言，这个制度相当奏效。每次我离开俄勒冈大学的工作，休息一年，就会出本书，并且每一本都发展出一个全新领域的研究。讽刺的是，大部分的书都让我与系主任之间产生矛盾，让他们尽可能地延迟我的升职。但是那又如何，你毕竟不能拥有一切。

其中有一年［1978—1979］是至关重要的，因为它教会我关于制度和设计之间的差别。在那之前，整整 5 年的时间，我把自己囚禁在终身教职这个制度牢笼里，但是在 1978 年的夏天，我发现自己是自由的，徜徉在加利福尼亚圣马力诺的亨廷顿图书馆外面那个枝叶茂盛的小丛林里，自由沉思。我决定投身于自己重要的梦想。于是开始了以下自我锻炼：每天早晨十点左右，当草地的公众开放时间截止时，我会走进这个花园，静静地坐着，让思绪飞扬，偶尔潦草地做些笔记。

这些绿色中的冥思导致了两次职业生涯的转变。第一次是终身教职的授予从技术上让我自由地探索任何自己选择的研究课题。第二个转变则是在第一次的基础上，我终于可以短暂地沉溺于对时间的探讨。我迅速放松下来，进入我的这个项目。第二年的 6 月，上千次的冥想终于让我完成了两大本笔记。

它们有什么用呢？从我的日记可以清楚地看到，有一段时间我对此毫无头绪，但是却非常享受这样的无目的：

> Ⅱ /8/78
>
> 现在第一本草稿本已经有了大约90条记录。我强烈地希望自己不去看写了些什么，我要把它卷起来放在身后甚至全然忘记，直到第一本草稿本全部写满。我希望每天从写草稿开始，从早到晚持续这种无关写作的活动。我从未指定一个写作日。有些时候，我会有一些独立延续的想法，或者是迥然不同的想法，还有些相互关联的想法等等。
>
> 关于这本书会成为怎样的形式，我毫无概念。有时候我觉得它会被读者珍爱并牢记，但有时却觉得它可能会是个失败之作，甚至更糟，也许我永远也写不完。但始终伴随我的感觉是，这些事对我而言是愉悦并且重要的。在我生命中的这个时刻以及对于我现在的生活而言，它是完美的。

“完美”一词为何能如此明确且不假思索地用在这些事物上呢？因为它让我充满创造力。它拓宽了我的精神领域，开启了新的课题。我就像是在玩一样。学术游戏的那一系列规则、一贯性、协调发展、对权威的依赖，以及各种注意事项都被抛诸脑后，飘散在风中。这个项目并非某种论证或是一系列论证，它是一个无限延续的探索。我探寻着人类的时间，试图挖掘其表现形式无限多的可能性。同时，我在寻找一个声音。

最终，这个项目教会我它自身蕴含的设计。我的研究让我熟知法国革命的日历，这是一项大胆的全国性的尝试，它试图用度量标准来规范时间。日历上，一个月是 30 天长［30×12=360］，5 到 6 天的假期则添加在年末。根据这样的设计，我可以将 366 篇散文分为 13 个篇章。如何建立这些篇章呢？我将笔记本的内容分为 20 个部分［“爱”“自然”“政治”等］。其中，13 个题目是我准备集结成册的。那么，如何使这个设计被经纪人、出版社和读者们接受呢？由弗兰西斯·培根[1]在 17 世纪复兴，又在 20 世纪被西蒙娜·薇依[2]和其他一些哲学家反复强调的，那来自于爱比克泰德[3]和马可·奥勒留[4]古老的智慧渊源，成了我的背书［这是项极为艰难的销售任务］。

现在，整体设计已经完成，我开始了艰巨的工作。我必须找到 366 个部分并对他们进行合理的排序，再印刷成册。接下来一年半的时间，我重复着选择、修改的过程，并将它们列入最终的表格分别打印出来。然后，我就像玩纸牌游戏一样处理它们。

编排书的过程居然是在空无一人的会议室中完成的。我一边绕着宽大的会议桌，一边对打印出来的书稿进行重组。采取这种视觉性及身体性的方法对文本材料进行组织，让人更容易联想到的是设计师的技巧而非作者。然而，恰恰是这个方法让我从令人抓狂的混乱中得以

---

[1] Francis Bacon [1561—1626]：英国哲学家、作家。他被马克思称为“整个现代实验科学的真正始祖”。

[2] Simone Weil [1909—1943]：法国哲学家、神秘主义者、政治活动家。

[3] Epictetus [约 55—约 135]：古罗马著名的斯多葛学派哲学家。

[4] Marcus Aurelius [121—180]：罗马帝国皇帝，161 年至 180 年在位。代表作品有《沉思录》。

解脱，并最终完成了12个部分，各自30个章节的排列组合。

这本书最终以《时间和生活的艺术》[*Time and the Art of Living*]为题出版，整个过程让我知晓了创造性流程的一些事。外在压力之下的设计，例如度假年之前我的日常工作，就像是施于创造力的魔咒，而创造力其实有赖于丰富且具有野性的自由关联、没有限制的冥想，以及毫无顾忌的探索。我发现如果我定时地放纵自己这种野性，让自己投入到游戏的程序中，并亲身实践意外的艺术，设计总会在某个时刻青睐我的大脑。

这又让我想到之前关于设计的基本功能的讨论，设计可以建构并引导能量。你也许会说，设计和能量是创造性生活的阴阳两面——在这里能量指代的是热情、激情和想象力——这两个表面看来对立的事物，必须进入一种亲密对话的状态，只有如此，创造性的事件才会发生。无论大小，设计成果都来自于不断重复的专注的热情。

[作者注]

1 Giorgio Vasari, "Life of Buffalmacco"，收编于 *Lives of the Artists*，译者 George Bull（New York: Penguin，1988）。

2 "通用汽车的设计师灵感枯竭了吗？还是旧的车型更富乐趣？就我个人而言，我希望他们能够延续1957年的Bel Air风格，那才是我的最爱。它的存在向人们展示，通用汽车在车款设计方面自Bel Air开始，便一直在走下坡路。"出自 Jerry Garrett,

"2006 Chevrolet HHR: Let's Do the Time Warp Again"，*New York Times*，2005 年 11 月 13 日。

3 Hirshberg 从通用汽车被挖角到了日产设计。在著作 *The Creative Priority*（New York: HarperCollins，1999）中，他描述了自己在日产的经历。

4 Julius Carlson 于 1929 年 12 月 10 日获得美国专利编号 #1,738,638。

二　向瓦萨里致敬：设计，知识，能量

8　乔尔乔·瓦萨里与设计的更迭

有时候，当思想家们对他人的精神表示赞赏并进行诠释，他们最杰出的发现便诞生了。这就好比，当我们在对另一个个体的优秀做出公正评价的过程中，我们也唤醒了自身的某些优秀品质。没有比托斯卡纳的艺术家和历史学家乔尔乔·瓦萨里的故事更适合用来印证这个现象了。这位技艺高超却鲜有委托创作的画家，在纪念他的艺术先驱和同僚们的艺术创作中，发现了自己的天赋。他的这些努力都呈现在那本伟大著作《名人传》中，这本书不仅创造了令人难忘且极富渲染力的文学描述，更是为我们建立艺术家及艺术本身的现代概念提供了基础。例如，他对设计［disegno］这一概念的解读，以及他将莱昂纳多·达·芬奇归为设计师的如下论说：

> 设计是这两种艺术［雕塑和绘画］的基础，或者可以说是所有创作过程中的催生因素。
>
> 他［莱昂纳多］所开创的艺术实践不仅仅是艺术的一个分

> 支，而且涉及所有与设计相关的各个分支。为了展示如何轻易地挖掘山洞以及建造隧道，他曾经做过模型和计划书……他证实了如何利用杠杆、吊绳和绞盘吊起或拖动重物，还有清理港口的方法，以及用压力泵从地底深处抽水的方法等。[1]

在对莱昂纳多·达·芬奇表示赞颂的同时，瓦萨里不仅是在重述历史，也在创造历史。在纪念莱昂纳多的天才行为时，为设计的现代理念的形成打下了基础。他将“设计”这个词的意思从一个技术性的图像描述，拓展成为适用于所有艺术和技术的概念。而设计理念也因此拓宽，指向了某种广泛的知识基础，并为研究和思考提供支点。

瓦萨里并未停下脚步，1563 年他更是将自己独创的理念融入社会机构，并创立了迪亚诺学院［Accademia del Disegno］，那是欧洲第一家常设艺术机构，位于佛罗伦萨。为了完成自己的目标，他求助于佛罗伦萨的统治者大公爵科西莫一世。后者欣然应允，并与米开朗基罗一起成为新学院的首任校长或者说名誉校长[2]。瓦萨里对于整个项目的掌控非常值得注意，特别是较之于与他同时代的日本人千利休。当千利休的强硬态度引发丰臣秀吉采取敌对的手段时，瓦萨里却能够让科西莫深信与设计者们形成合作关系对其执政有百利而无一害。千利休扮演的是一个英雄的角色，而瓦萨里则更像是个外交官。正因为瓦萨里对掌权者采取了迂回巧妙的策略，才让艺术拥有如今的地位。与千利休相仿的是，他为人类思想和行为创造了一个伟大的设计。而不同于千利休的是，他得以在有生之年尝到自己奋斗的果实，并在 1568 年再版发行了他的代表著作。

从千利休和瓦萨里的生涯中，我们都能够看到设计引导，进而解放来自社会的能量，甚至我们可以从中意识到能量流其实同义于知识流。千利休通过他独创的茶道，提供了知识得以传播的媒介；瓦萨里则通过对设计的重新定义，为一个潜在的发现和知识的全新领域打下基础。本书第二部分我将详述其他一些设计与知识的融会贯通，并阐明在一些主要领域中，设计原则能够决定人们的探索和表达。在以下的章节中，政治经济的设计将成为主要关注对象，当然还有自我管理、自我更新、心理、文学、艺术，甚至是运动领域的设计。我的目标在于，说明设计在决定人类活动时所具备的独特有效性，以及相应的，无可避免的局限性。

[作者注]

1 Giorgio Vasari, “Life of Leonardo”，收编于 *Lives of the Artists*，译者 George Bull（New York: Penguin，1988）。*Lives of the Artists* 被翻译成不同版本，并有所删减。

2 关于 Vasari 创建的新学院，可参见 Carl Goldstein 撰写的 “Vasari and the Florentine Accademia del Disegno”，*Zeitschrift für Kunstgeschichte*，38 期（1975 年），第 145—52 页；以及 Fredrika Jacobs 撰写的 “（Dis）assembling: Marsyas, Michelangelo, and the Accademia del Disegno”，*Art Bulletin*，84 期（2002 年 9 月），第 422—48 页。

9 画中的女人：设计与文艺复兴时期艺术的启示

> 美术馆的庄严肃穆会让你误以为那些杰作是高尚文雅的，眼前的这些景象能够给人以安慰，拥有魔力般使人着迷，但事实上它们就像是群暴徒。那些伟大的画作就这样残忍又狡猾地把你牢牢固定住，就像是摔跤中的锁头技法，将你原本的镇定沉着一扫而空，并迅速刷新你的现实感。
>
> ——西蒙·沙玛[1]

一名独奏艺术家的表演能维持多久而让自己和观众都不感到厌倦呢？也许是两个小时，或者再多一点，三个小时。这一事实在艺术中的表现，我们只需追溯到荷马［Homer］的《奥德赛》［*Odyssey*］便可。这部史诗被均匀地分割为六个长度相同的章节，包括忒勒马科斯的航程、奥德修斯回到阿尔喀诺俄斯的宫殿、奥德

[1] Simon Schama [1945—]：英国历史学家，哥伦比亚大学艺术史讲师，《纽约客》文艺评论员。

修斯讲述自己的遭遇等，每个章节都需要两到三小时的表演时间。荷马在此为我们提供了一个生动的例子，说明生理限制能够影响设计并最终影响艺术的意义。那么，《奥德赛》跟《伊利亚特》[*The Iliad*] 一样都分为 24 卷，这又是为什么呢？也许因为当这部史诗终于要从口头传播的形式转成书面文字时，单独一卷莎草纸只够书写整部史诗的 1/24。为此，当《奥德赛》第一次以文字形式记录下来时，史诗本身也许为适应每本“书”的结构而做过调整。这又是另外一个例子，证明自然支配着设计，而设计依此塑造知识。

荷马的《奥德赛》呈现了一个有力的观点，它将设计视为艺术作品的整体建构原则，在对作品意义进行任何诠释的过程中，这都是个很特殊的要素。尽管在《奥德赛》中，我们会发现设计有时能展示某些外在属性，但在另一些时刻，它又能揭示隐含的作者意图。设计能被用以强调某些特定意义，或者相反的，极为小心翼翼地隐藏某些信息。对于观看者而言，设计有能力将其引入某件作品，并让他们参与其中。最终，设计实际上对人们的经验进行了再设计，并让观众对自身的内在本质和个人所拥有的可能性更为关注。依据这所有的原则，设计能够使艺术更让人着迷和难忘。以下这些事例来自意大利文艺复兴时期，为我们呈现了设计在视觉艺术、文学和音乐中的卓越表现。由所有这些事例相互串联而成的历史影响，则汇聚在了曼图阿这个公爵的领地。

佩德罗·贝鲁格特与知识的设计

大约 1480 年，年轻的西班牙画家佩德罗 · 贝鲁格特[1]长途跋涉去往意大利小镇乌尔比诺［Urbino］，帮助公爵费德里戈 · 达 · 蒙特费尔特罗[2]装饰他的新宫殿。当时，能收到这样的邀请绝不可小觑。费德里戈公爵是那时整个欧洲的话题人物。他是最成功的雇佣军领袖，作为一名将军，他从未打过败仗，几乎是凭一己之力，将意大利从威尼斯统治下拯救出来。充满智慧的策略与精神攻击成就了他的领导才能，并为他赢得了英国的嘉德勋章和大量财富。而在家里，他则是最绅士、最热爱和平的人。在密友拉扎罗［Maestro Lazzaro］的指导下，他研读了亚里士多德［Aristotle］，其后更是任命拉扎罗为乌尔比诺的大主教。在当时欧洲最早的人文学院学习成长的费德里戈是一名积极热情的学生，在学习艺术和科学的过程中，他所表现出来的那种超乎寻常的记忆力和透彻深入的理解力，让专业教授都感到吃惊。年轻的贝鲁格特完全有理由为此感到兴奋，因为他已经踏上征途前去会见这个活着的传奇。

费德里戈公爵精通建筑设计，新宫殿毋庸置疑是他最伟大的艺术作品。他的作品与同样性质的托马斯 · 杰斐逊的作品相比，具有更多的争议性。杰斐逊执着地追求帕拉迪奥式的风格，而费德里戈

[1] Pedro Berruguete [1450—1504]：文艺复兴时期西班牙画家，曾任乌尔比诺公爵宫廷画师。

[2] Federico da Montefeltro [1422—1482]：自 1444 年直到去世，一直是乌尔比诺的统治者，被认为是意大利文艺复兴时期最成功的领袖之一。

则实现了自身的原创设计，建筑本身成了他个人多面化性格的具体呈现。宫殿的花园、中庭以及露台，成了艺术与自然的桥梁，同时衔接了内部与外部空间。这幢规模庞大的建筑包含了两个礼拜堂［一个是天主教的，另一个是异教徒使用的］、一套高雅的私人会所、大到可以容纳整个小镇居民的沙龙空间［费德里戈有时会邀请所有人来聚会］，以及为了让公爵可以训练自己的军队而特别辟出一整层空间作为骑术学校的训练场。没有任何建筑比这个建筑更能够表现作为矛盾综合体的人文主义：艺术与自然、大脑与身体、勇猛与虔诚、基督教义与异教主义、公众与私人。这个宫殿本身便是一句哲学宣言。

费德里戈的至爱是知识，这也成了他保持昂扬斗志、怀有远大抱负的源泉。他雇佣了三四十名抄写员，在14年间为他抄写每一本他认为重要的书籍。每完成一本手抄书，他便用红布和银制书皮封裹，而他的《圣经》则特别地用金制书皮。在他去世前，所积累的书籍让他拥有了基督教国家最好的图书馆。对此，国际书商韦斯帕夏诺·达·比斯蒂奇［Vespasiano da Bisticci］有过如下评价："在公爵去往费拉拉前的短暂时期，我恰好在乌尔比诺，有机会与公爵阁下相遇。我随身携带着意大利主要的一些图书馆的目录，还有教廷图书馆、佛罗伦萨的圣马可图书馆、帕维亚的图书馆，甚至在英国得到的牛津大学图书馆的目录。将这些图书馆的藏书与公爵的图书馆相比，我注意到它们有一个方面逊色于公爵的藏书。它们与公爵的藏书有好多是重复的，却可能没有同一个作者的其他著述，同时也没有像公爵的图书馆那样拥有如此多不同作者的书籍。"[1] 公爵让那些访问学者自由使用他这座壮观的图书馆，对每一个都待如上宾。

佩德罗·贝鲁格特的任务是完成费德里戈公爵的肖像画。从画中便能发现，这项委任绝非易事，因为公爵想要的并不仅仅是栩栩如生的肖像画，更希望他的独特个性能通过画像被时代牢记。在单幅画像中如何做到这一点，对贝鲁格特而言是一次挑战。最终，他通过以下画面完成了使命。公爵坐着读书，儿子吉多贝多[Guidobaldo]相伴在侧。很明显，费德里戈正大声朗诵，因为孩子的左手向前伸出，仿佛要提问一般。费德里戈的书用红布包裹，封面上镶有家族的冠饰。他的礼袍静静地覆盖着全身的盔甲，显眼处可以看见嘉德勋章。一枚决斗头盔置于右下方的地板上。让人诧异的是，在左上方的诵经台上有一顶主教法冠。

贝鲁格特的肖像画是各种想法的复杂交织。费德里戈的盔甲表现了他的英勇骁战，礼袍显示的是他拥有的公众声望，单独与儿子同处又表现出他个人的一面，主教法冠则表现出他的虔诚——或许是对他的朋友拉扎罗表示敬意。但是，经过贝鲁格特的精心设计，所要传达的信息却不仅仅如此而已。这个西班牙人将他的画布设计成两个相互交流的位向：

主教法冠　　　　费德里戈

书

吉多贝多　　　　头盔

打开的书象征着知识，成为一个动态的道德几何学的中心。它象征性地作为某种媒介，在年轻与年长的两代之间、在战争与和平的艺术之间促进交流。甚而，它就像一个中心枢纽，让两种社会能量彼此形成对话的“航线”。贝鲁格特将费德里戈关于知识的人文情怀视为文化中历久弥新的力量。就这样，在他构建的复杂象征中，知识被摆在了核心的地位，不仅表现了公爵的外表，更表现了他的哲学精神，出色地完成了使命。

佩德罗·贝鲁格特 [Pedro Berruguete]，《乌尔比诺公爵肖像》[*Federico da Montefeltro*]。公爵宫，乌尔比诺。

朱利奥·罗马诺和设计的解构

1524年，罗马的广大读者对于接下来这段印刷艺术发展史中最糟糕的丑闻反应不一，有的感到愤怒，有的感到震惊，而有的却欣喜若狂。诗人彼得罗·阿雷蒂诺[1]、艺术家朱利奥·罗马诺与雕塑家马尔坎托尼奥·雷蒙迪[2]组成一个团队，出版了《方式》[*The Ways*（*I modi*）]。这是一本性爱姿势的插画集，且每幅图片都附上一首描述性爱的十四行诗。这本书既是一本畅销书，同时也是一本稀有书，因为在梵蒂冈主教克雷芒七世［Clement VII］的控制下，每本书都面临被销毁的命运。雷蒙迪被关进了监狱。阿雷蒂诺试图将罪责移嫁给朱利奥，但后者早已去往他方，沉浸在自己的追求中。他前往曼图阿并开始为费德里戈·贡扎加侯爵［Marquis Federico Gonzaga］［之后晋升为公爵］服务。侯爵是当时曼图阿的统治者并且与主教毫无交情。侯爵并没有因为他的丑闻而感到惊骇。事实上，他希望能够继续挖掘那些自由发挥的天才创意，尽管正是这些创意曾让朱利奥陷入困境。

接下去的15个年头，朱利奥便一直为费德里戈·贡扎加完成各种各样的工程，每一项工程都让简单的城市建筑翻新转化成最好的艺术。他特别擅长制造奇妙的宫廷娱乐活动。用乔尔乔·瓦萨里的话来说："当时，没有人能够像他那样制造出如此奇幻的化装舞会，

[1] Pietro Aretino [1492—1556]：曾学习绘画，后来在罗马为教皇服务，因写淫秽的十四行诗被迫离开罗马。

[2] Marcantonio Raimondi [1480—1534]：意大利雕塑家。

并为竞技格斗、欢庆盛宴和各种赛事设计了极为华丽的服装造型，让包括查尔斯国王在内的所有观众都看得目瞪口呆。”[2]不过，朱利奥最伟大的成就在于将建筑与绘画融合在了一起。早在1526年前，他便开始着手打造侯爵的新宫殿，随后这里便成了侯爵的骄傲与快乐所在。这个庞大的给人带来愉悦的宫殿位于市郊，能够让这位统治者尽情地沉浸在欢乐之中，甚至可以不用像在城中的住所一般，保持高雅端庄的礼节。备受人民尊敬并拥有一整支由艺术家、助手和工匠组成的队伍，朱利奥最终耗时8年完成了德泰宫的建造。这是一幢辉煌的装饰建筑，表达了对昔日时光和感官享受的一种敬意。整幢建筑至今几乎完好无损，当时要么是朱利奥亲手打造，要么完全按照他的意愿完成，鉴于此，德泰宫可以看作是规模最大的独立完成设计的艺术作品之一。

德泰宫同时也是世界上表现文艺复兴时期的艺术风格，即风格主义的建筑中最宏伟的。尽管“风格主义”[mannerism]一词被应用在许多不同的艺术家作品上，比如埃尔·格列柯[1]，米开朗基罗、本韦努托·切利尼[2]、朱塞佩·阿尔钦博托、索芳妮斯贝·安古索拉[3]、彼

[1] El Greco [1541—1614]：文艺复兴时期活跃于西班牙的画家。

[2] Benvenuto Cellini [1500—1571]：意大利文艺复兴时期著名的雕塑家、金匠，风格主义艺术的代表人物。

[3] Sofonisba Anguissola [1532—1625]：意大利文艺复兴时期画家，生于克雷莫纳，受过良好的艺术教育。

得·勃鲁盖尔[1]、彼得罗·佩鲁吉诺[2]和布龙齐诺[3]，但恰恰是朱利奥在其中占据了最为重要的位置，他背离了自己的老师拉斐尔那种更为精确的表现方式，转而创造了自己特有的艺术表现形式，这种形式将技术与幽默、自我意识、权术、刻意的夸张、混合的流派，以及别出心裁的概念相互糅合。在早期的意大利文艺复兴艺术中，艺术被牢牢锁定在服从于自然的位置，与此不同的是，风格主义艺术可以扭曲现实、为自己背书、逃避其他规则，并以嬉戏的方式描述它们与观者之间的关系。

风格主义艺术的极端表现包括伪装成雕塑的绘画作品、放纵的色情主义，以及象征性的粗面砌筑——这些都让德泰宫极富个性。而其中最引人注目的是巨人厅［Sala dei Giganti，room of the giants］，这个宽敞的内厅墙面和天花板同时也是一幅全景绘画。这幅画以史诗风格描述了天堂与地狱之间的激烈冲突。在天花板的画面中，朱庇特［Jupiter］投下霹雳，对着的是与观者视线相平的巨人部落，画中的他们被压垮在屋顶、墙壁和圆柱之下。这其中蕴含着他的策略：朱庇特的形象被用来向查理五世致敬，后者不仅对德泰宫的建成表示惊叹，还将费德里戈晋升为公爵。不过，大厅本身

[1] Pieter Bruegel [1525—1569]：16 世纪尼德兰地区伟大的画家，他一生以农村生活作为艺术创作题材，被人们亲切地称为“农民的勃鲁盖尔”，是已被公认为佛兰德斯绘画的三大巨匠之一。

[2] Pietro Perugino [约 1446—1523]：意大利画家，对文艺复兴时期的美术有很大贡献，拉斐尔是他最知名的学生。

[3] Bronzino [1503—1572]：彭托莫 [Pontormo] 的弟子，意大利佛罗伦萨样式主义风格的代表。

还具有三个更深层面的意味，理解这三个层次，我们便会愈加赞赏朱利奥的设计哲学。

首先，大厅造成了心理上的动摇。当人们走进一个似乎处在崩塌过程中的房间，是非常震惊的，特别是当他们意识到这整个宫殿其实是建于一片沼泽之上，而并非像看上去那样有着坚实地基的时候。乔尔乔·瓦萨里难以抑制自己对这个大厅的喜爱，为这件错视画法的大师之作辩护道："没有任何一幅绘画作品能像这件作品一般，让人在感到惊恐的同时又如此真实。无论谁走进这个房间，看着窗户和门，所有这些被扭曲的景象和坍塌的场面，还有那些正往下掉落的山石和房屋，带给他们的只能是恐惧——害怕这一切崩落在自己身上。"[3]这个大厅事实上是整座宫殿的内部密室，正是它所容纳的各种各样的冲突和无序成就了整个宫殿。这一切所具备的功能，或者说德泰宫的设计目标，便在于对感官的置换。它们完成了一种刻意的迷惑，让观者能够脱离普遍认知中的现实，将自我的意识重新置于一个充满神奇和放任的新世界。没有任何一个地方能像朱利奥的德泰宫一样，让人更为深刻地感受到这沉湎于建筑中的陶醉以及诗性的冲动。如果说好设计揭示真理，那么德泰宫所述说的真理直指我们的内在能量和热情。

在第二个层面上，大厅可以被看作是一个傲慢的政治寓言。仔细观察朱利奥如何描绘那些摇摇欲坠的房屋，它们都是粗面砖砌的建筑，由此可以判断，朱利奥真正想要表现的并非巨人的远古时代，而是自凯撒时代沿袭至基督纪元的罗马式建筑。罗马本身则被表现为一个有着宽脸的人物，很明显地处于优越地位。与他的伙伴

朱利奥·罗马诺，巨人厅 [Sala dei Giganti]［局部图］。德泰宫建筑博物馆。照片由作者拍摄。

不同，他身穿现代式盔甲，并向着天空双手紧扣，进行基督教的祈祷。这个象征符号影射的是查理五世对罗马发动的掠夺。这个事件发生在 1527 年，恰好是朱利奥开始着手打造宫殿的那一年。那个祈祷的人物象征着主教克雷芒七世。他在战争期间曾经避难于圣天使堡［Castel Sant'Angelo］，那是一幢典型的罗马式粗面砖砌建筑。[4] 曼图阿的费德里戈则加入了查理五世的阵营共同反对主教，后者正是曾经诋毁诽谤朱利奥和他朋友的克雷芒主教。朱庇特打倒巨人的画面象征着查理五世推翻克雷芒的政权，同时也表达了朱利奥对自己的艺术自由的守卫。

这将我们引入了第三层意味，从这一层面来讲，巨人厅构建了一名设计师的独立宣言。或许，我们首先会认为那些巨人们坍塌的建筑是艺术家自我牺牲式的玩笑，暗示自己或者其他人的手工制品所无可避免的终极脆弱性。但是，我们可以反过来想：这样一种艺术才能的宣言是如此高雅，仿佛拥有自我意识一般，能够与自身的毁灭对话。这样的阐释让我们更好地全面理解朱利奥的智慧、愿望以及意识。如果佩德罗 · 贝鲁格特所画的乌尔比诺公爵肖像是服务于哲学的艺术，那么朱利奥的巨人厅则超越了哲学，是对自我认知和不断扩展的意识的追求。

索芳妮斯贝·安古索拉和旁观者之眼

震撼感官从而改变意识——这种艺术所拥有的力量，也许只有在索芳妮斯贝 · 安古索拉的作品中才最为显见，她是现代社会出现的第一位著名女画家。安古索拉的绘画生涯可以说见证了风靡文艺复兴全盛时期的文化新象。尽管富甲一方，她的父亲却极具革命性地将他的女儿们都培养成了艺术家。他将索芳妮斯贝托付给了贝尔纳迪诺 · 坎皮［Bernardino Campi］，后者深受朱利奥 · 罗马诺的影响而开始自己的绘画生涯，成为了一名著名画家。从她开始拿起画笔，索芳妮斯贝便展露了非凡的天赋，甚至获得了瓦萨里和米开朗基罗的赞赏。1560年代，她作为西班牙国王菲利普二世［Felipe Ⅱ］的宫廷画师而享誉世界，在接下来的漫长人生中，她始终享有财富和声誉。

她这幅引发讨论的作品是将风格主义最耐人寻味之处体现到极

致的例子。同时，这幅作品也是迄今为止最为特别的自画像之一。在索芳妮斯贝的画中，她自己成为人物形象出现在画布上，而执笔作画的正是她的老师，贝尔纳迪诺·坎皮。老师的脸部在暗处，“画布”上的脸庞则显得较为明亮且富有生气，然而，她却花了大量功夫将老师的脸部画得更为细致，这样的差别说明了索芳妮斯贝其实是模仿贝尔纳迪诺的风格来画他的肖像，同时在自己的肖像上表现了她自己的风格［因此，具有讽刺意味的是，画中的老师贝尔纳迪诺其实是用学生索芳妮斯贝的画法作画］。[5] 画中定格的瞬间是贝尔纳迪诺正专注地描绘索芳妮斯贝连衣裙上的花纹，为了保证作品的精致度，他左手拿着支腕杖抵着画布，让右手能够稳定作画。

索芳妮斯贝·安古索拉 [Sofonisba Anguissola]，《与贝尔纳迪诺·坎皮一起的自画像》[*Self-Portrait with Bernardino Campi*]，锡耶纳国立美术馆。照片由作者拍摄。

画中的贝尔纳迪诺侧着脸，似乎朝外望着伫立在画前的观看者，同时也是望着他这幅作品的主体——索芳妮斯贝正坐着的方位。而索芳妮斯贝［在画中的画布上］同样望着我们，就好像是向我们表示对这个图像玩笑般的赞许。她精确地让观者能够身处她的位置感受这一切。

这个玩笑是一种独特的表现手段。通过画面，将观者置入了她作为模特所处的方位，使我们的个人空间发生变形，我们的主观思考范式也相应被破解，并根据她的要求与她形成同一认知。那么，她为什么要这么做呢？让我们再仔细观察画中的她脸上所散发的祥和光芒。索芳妮斯贝想要与我们共享她的自我认知，那就是与她一起庆祝在艺术这个男人的世界中，身为女人所获得的成就。她将自己的形象置入画中，除了以此表现女人特有的美以及她的专业影响力，同时也向人们展示了某种轻松诙谐的情趣，尽管在她身处的年代，艺术依然被视作为最为严肃的成就。

索芳妮斯贝对色彩明暗的处理同样有其独特的含义。她的脸在画中仿佛散发着光芒，而与此相对应，贝尔纳迪诺的形象则显得有些阴暗。这向我们传达了某种已经在朱利奥的创作中蕴含的观点，那就是艺术可以创造一个全然陌生却辉煌奇妙的崭新现实，艺术创作甚至可以与天然造物相提并论。这种思想与其相应的衍生发展在下一个世纪的艺术创作中达到了巅峰。特别是莎士比亚［Shakespeare］在《暴风雨》［*The Tempest*］中塑造的普洛斯彼罗［Prospero］这一角色以及在《冬天的故事》［*Winter's Tale*］中向朱利奥致敬的片段："朱利奥 · 罗马诺，这个举世无双的意大利大师，不仅让自己得以永续，更将生机注入作品，以此混淆自然本身的规则，如此完美地愚弄了自然。”

这幅绘画中还有两个奇特之处引人关注。为什么贝尔纳迪诺要望向画外的绘画主体来确认她裙子上的那些抽象图案呢？他本应直接地专注在画布上的描绘。他转过头来是否为了回应来自于索芳妮斯贝的某些意见抑或是单纯赞赏她的美呢？也许，或者说很有可能索芳妮斯贝特意将贝尔纳迪诺的脸朝向观者，并让他的眼神固定在假想的观者身上，以此加强观者与她身为画中模特和主体所具有的共同认知。

最后，让我们随着画师的支腕杖观察那想象中的画布。它延伸至索芳妮斯贝的左手臂，并制造出了某种压痕的效果，仿佛它正抵着一块真实的画布。这是索芳妮斯贝的一记回马枪，她那无法掩饰的聪慧再次向观者证明了她作为艺术家的能力，她能够按照自己的意愿，对我们身处的现实进行转换或重置。

巴尔达萨雷·卡斯蒂廖内与设计的诗学

朱利奥·罗马诺究竟是受到什么样的启发，让他改变传统乡村模式，而用各种诙谐的手法打造德泰宫的呢？为什么安尼巴莱·安古索拉［Annibale Anguissola］决定将他的女儿们送上各种专业道路呢？索芳妮斯贝在作品中展现的轻松诙谐又是从何而来呢？除非有其他的巧合发生，否则这些现象就都来源于1528年出版的一本书，这本书在索芳妮斯贝出生之时就已风靡意大利，甚至很快席卷整个欧洲。那就是巴尔达萨雷·卡斯蒂廖内的《侍臣论》[*The Book of the Courtier* (*Il cortegiano*)]。

卡斯蒂廖内与费德里戈·贡扎加和朱利奥·罗马诺都有很好的交情。他曾作为费德里戈公爵的大使出访罗马，受到了高度的赞赏，并于1524年得到机会作为主教特使进入皇宫觐见查理五世。在离开罗马前，他找到了年轻的朱利奥，并为他在曼图阿费德里戈公爵麾下谋得了一个职位。卡斯蒂廖内与乌尔比诺的关系也甚为密切，年轻时期的他便获得了吉多贝多公爵和公爵夫人伊丽莎白的青睐。吉多贝多公爵是乌尔比诺公爵费德里戈·达·蒙特菲尔特罗的儿子，我们在贝鲁格特的肖像画中看到他坐在父亲身边，而夫人伊丽莎白则是费德里戈·贡扎加的姨母。在蒙特菲尔特罗公爵的宫殿中举行的一次晚宴中，卡斯蒂廖内与其他一些未来之星聚到了一起，其中包括彼得罗·本博[1]、朱利亚诺·美第奇[2]、奥塔维亚诺·弗雷戈索[3]、贝尔纳多·比别纳[4]，参加了一系列的夜谈并记录在了自己那本著名的书中。卡斯蒂廖内遍访各地并与当地人相识结交，就连皇帝都称赞他为当世最杰出的绅士。但他同时也是一名深刻的社会思想家、思维缜密的理论家，以及意大利式诗文的一代大师。

---

[1] Pietro Bembo [1470—1547]：意大利学者、诗人、文艺理论家，医院骑士团成员和红衣主教。

[2] Giuliano de' Medici [1453—1478]：美第奇家族成员，其私生子为克雷芒七世。

[3] Ottaviano Fregoso [1470—1524]：曾任热那亚共和国总督。在《侍臣论》中被描述为意大利文艺复兴时期最为绅士的贵族，接受人文主义教育，并良好地保持了意大利的传统文化道德。

[4] Bernardo Bibbiena [1470—1520]：教皇利奥十世的秘书，也是一位作家，写下了意大利歌剧院的第一部喜剧《卡兰德里亚》[*La Calandria*]。

在卡斯蒂廖内去世前不久才出版的《侍臣论》成了文艺复兴时期卓越的作品。它的实用性、权威性和适用度，让它得以广泛流传并大受欢迎。尽管原本只是希望以一系列对话的形式对应宫廷规范，但事实上它成了横扫一切的文化新生力量，并以一种彻底的现代观念衡量当时的政治和社会行为。随着一个个章节的展开，卡斯蒂廖内所倡导的运动开始渐渐脱离中世纪传统机制那样在信仰、规章制度和世袭的权威中寻找安稳的文化价值，转而朝着一个崇尚专业技能、灵活性以及创造力的知识型社会发展。他将人类生活本身描述为一种艺术形式，每个个体都能够通过自己的直觉、学识和智慧对自身进行创造。与千利休的茶道如出一辙，《侍臣论》是一项知识的设计，在文化发展的进程中拥有划时代的力量。

正因为他视创造力和智慧为社会革新的重要因素并再三强调，卡斯蒂廖内才被称作是“文艺复兴风格主义”的教父。正如艺术史家 E.H. 贡布里希[1]所证实的：“朱利奥 · 罗马诺在德泰宫创造的一系列奇思妙想，特别是将粗糙和平滑材质相互融合的激进手法，其实是来自于卡斯蒂廖内对西塞罗[2]的解读。”6 卡斯蒂廖内著名的“轻松”[sprezzatura] 原则，即将繁复辛苦的技巧表现得若无其事、自然而然。这一点在之前索芳妮斯贝 · 安古索拉的画中尽览无遗，那

[1] Ernst Gombrich [1909—2001]：英国美学家、艺术史家。主要著作包括《艺术的故事》《艺术与错觉》等。

[2] Marcus Tullius Cicero [前 106—前 43]：古罗马著名政治家、演说家、法学家和哲学家。古罗马最有智慧的思想家之一，对西方政治社会传统有深刻和久远的影响。其典雅的拉丁文体促进了拉丁文学的发展，影响了后来欧洲的教育。

些光芒看似不经意，实则经过精心设计，把错觉留给了人们。卡斯蒂廖内同时也是现代女性主义的先驱之一。这本书有 1/4 的内容都围绕着如今我们所讨论的女性问题进行论辩。正是这样周详地对女性权益进行辩护所形成的文化氛围，促使安尼巴莱·安古索拉决定将女儿们培养成艺术家。

作为一名具有影响力的艺术鉴赏家，卡斯蒂廖内在进行自己的文学创作时，也对设计注入了大量心力。他以一种建筑学的方式构建书本的框架，也许这在某种程度上也对朱利奥有所启发，就像是打造一栋建筑，观者只有通过一系列外部房间才能抵达内部的密室。他将那些最无害、最不具挑战性的内容编在书的前半部分［卷一和卷二的前半］，然后以幽默小说的形式加入了一本小别册。卷三则包含了一系列关于女性道德指控的严肃论辩，卷四他开始论及一些艰涩的哲学命题，并收尾于对柏拉图理想主义的重申。整部作品的编排就像是现代大学的课程设置，以基础性内容为开端，逐渐延伸至难解的学说。卡斯蒂廖内深知大多数读者绝无法把书读完，而那些能够通读的读者将形成某种自我选择的群体，通过思考，他们将获得更为复杂的思想。

然而，其实在卷二的第二部分与卷四的第二部分之间，存在着一种互文关系，就像是一种桥梁。卡斯蒂廖内有理由担心他的观点会被消解，因为这些宫廷故事过于精致并透露出对现实世界的忽视。于是，在卷四中他对那些有可能无视他观点的人做出了反击。他例证彼得罗·本博如何热烈响应柏拉图的理想主义，并以一种现实的视角对其做出批评："他激情澎湃地讨论到现在，看上去激动万分，而在他身边，本博却依然沉默不动，两眼望向天堂，好像在发呆一般。艾米利亚夫人［Signora Emilia］始终保持着高度注意力听他的演说，这时也忍不住拉了拉本博的长袍，摇了摇他说：‘请注意，亲爱的彼得罗阁下，即便拥有这些思想，你的灵魂依旧不会离弃你的身体。’”[7] 卷二用以结尾的有关轶事的长篇叙述意在表现构成人性黑暗面的无知与邪恶。卡斯蒂廖内的大部分诗体故事都是关于教堂的犯罪行为，其他还涉及政治家和军队的滥用职权。他撰写的这些轶事，以尽可能多的角度，向我们描绘了一个与危险共存的世界。将这些故事置于卷二的末尾，他其实已经悄无声息地将我们引入了卷三那些对于女性的论辩：本质上，所有这些轶事都是关于男性的弱点。

卡斯蒂廖内将理想主义和邪恶在话语结构的设计中控制在相对平衡的位置，这样做的目的不仅仅是为了进行有力的批判，同时也是为了向人们揭露那些塑造人类行为的极端道德条件也决定了明智的统治者应如何确立话语权，而这种极端性恰恰应避之不及。这种刻板的对立被用来对他自己在前言中的哲学宣言进行阐释：现代社会中充满了伦理对立冲突，但它们彼此似乎相互催生。

文艺复兴时期的文学创作充满了这一类的设计策略。但丁［Dante］在他的《神曲》［*Commedia Divine Comedy*］中使用了一百个短篇的结构。薄伽丘［Boccaccio］则在自己那部被视为淫秽作品的《十日谈》［*Decameron*］中不无讽刺地效仿但丁。马基亚维利[1]

[1] Niccolò Machiavelli[1469—1527]：意大利政治哲学家、历史学家，文艺复兴时期重要人物。他在《君主论》一书中提出的现实主义政治理论和在《论李维》一书中提出的共和主义理论，对当时的政治、军事产生了重要影响。

的著作《君主论》[*The Prince*] 以二十七个部分形成对称结构，向读者传达隐含的意味。蒙田 [Montaigne] 首次用现代手法描写了人类性行为并将这一 X 级的文章冠以《论维吉尔的诗》[*On Some Verses of Virgil*] 这样无害的题目。莎士比亚在《暴风雨》中煞费苦心地建构了一个"三一律"的戏剧结构，并进而让这三个部分相互呼应，就像是赋格曲中的音律一般。[8] 设计之于文艺复兴时期的作家而言，或多或少与其之于艺术家和建筑家类似，那就是设计是专注于知识并疏导能量的一种方式。

设计一种艺术形式：克劳迪奥·蒙特威尔第

让我们再次回到曼图阿。这一年是 1607 年，朱利奥已经与世长辞，而他留给世人的那些作品，用他的朋友瓦萨里的话来说，"是对艺术力量的永续纪念"。这其中包括他那无人能匹敌地"制造出如此奇幻的化装舞会并为竞技格斗、欢庆盛宴和各种赛事设计了极为华丽的服装造型"。在他去世后的数十年间，贡扎加公爵对于庆典的热情并未减退。就在这一年，1607 年的嘉年华会时，在知识分子的精英组织前，公爵宫殿中将上演一些新的戏码：《奥菲欧》[*Orfeo* (*Orpheus*)]。这是一出音乐戏剧，表现的正是音乐所富有的力量。

克劳迪奥·蒙特威尔第的《奥菲欧》是第一部现代歌剧，它不是第一部包含歌唱演出的舞台剧，而是第一部将戏剧与音乐、朗诵与歌唱结合在一起的表演。这种表演模式已经被莫扎特的《费加罗的婚礼》和《魔笛》的爱好者们所熟知。尽管这种多媒体表演的想法几年前就在佛罗伦萨的沙龙中经过推敲，但是蒙特威尔第的这个做法却有着非同寻常的区别［这个做法还被约瑟夫·海顿（Joseph Haydn）借鉴，完成了自己实验性地将交响乐和弦乐融合在一起的演出］，他的做法设计出了一个重要的艺术形式。在生命的最后几年里，克劳迪奥将他的创作才能进一步发挥，创作了《波佩阿的加冕》［*The Coronation of Poppea*］。他的创作产生了国际性的影响力，我们可以从莎士比亚的《暴风雨》化装舞会那场戏中看到他的影响。到了17世纪中期，在莎士比亚极富魄力的教子威廉·戴夫南特[1]的引介下，名副其实的歌剧终于登上了伦敦的舞台。蒙特威尔第60年的生涯在名望与财富中走向终点，他也成为了意大利威尼斯圣马可最重要的音乐流派的领衔人物。

就蒙特威尔第和莫扎特的作品而言，歌剧是高级知识的产物。莫扎特的《费加罗的婚礼》隐含着社会变革的宣言，着重表现了世袭等级的不公以及人类平等的理念。《魔笛》则是一个共济会式的寓言，象征性地阐述了通往真实光明的最初阶段。蒙特威尔第在曼图阿的观众来自于因瓦盖提［Invaghiti］学院的有识之士。[9] 他在《奥菲欧》中运用的艺术策略，兼具风格主义和人文主义的特性。在歌剧中，他保持了风格主义的手法，一如朱利奥或者索芳妮斯贝

[1] Sir William Davenan [1606—1668]：英国剧作家、诗人，创作出英国第一部公演歌剧《罗得岛之围》。1638年被指定为桂冠诗人，5年后被封为爵士。

的艺术作品，他创造了一个世界，让人们沉浸其中的同时，也改变了观看者对于自身的感觉以及对于世界的看法。同样，他也在创作中坚持人文主义的原则，在他的歌剧中呈现的寓言蕴含了艺术和知识的力量，让我们能够以英雄的角度看待这个世界。这个寓言以一种诙谐的“潜对白”［sous-conversation］的方式来架构。这是作曲家蒙特威尔第，同时也是他的英雄奥菲欧，在用自己的艺术重新对待这个世界。

然而，在歌剧中蕴含的这种情感机制同样可能转化这一形式，将其引导向弱化知识的方向。作为一种艺术形式，歌剧通过声律和器乐以加强演讲和戏剧。正因如此，它比缺乏音乐的戏剧抑或是没有戏剧的音乐更容易侵入人们的感情。因此，较之那些小型的蒙特威尔第首演活动中的知识分子聚会，歌剧则更具吸引力，对于各个阶层的人们而言，他们无需阅读书本，也无需探寻戏剧背后隐藏的含义。莫扎特正是意识到了这一点，并出人意表地选择做一名胜任各种音乐的乐师，将自己的作品传达给知识分子和平民百姓。然而，在他的晚年，那些觊觎莫扎特所拥有的荣誉的人，特别是理查德·瓦格纳[1]和朱塞佩·威尔第[2]则选择面向更低层次的人群。无论他们在音乐上的功过如何，至少他们创造了如今我们所熟悉的歌剧。它成为大众市场的演

[1] Richard Wagner [1813—1883]：德国作曲家，著名的古典音乐大师。因为他在政治、宗教方面思想的复杂性，成为欧洲音乐史上极具争议的人物。代表作品：《特里斯坦与伊索尔德》《尼伯龙根的指环》等。

[2] Giuseppe Verdi [1813—1901]：意大利作曲家。代表作品：歌剧《弄臣》《茶花女》，声乐曲《安魂曲》等。

出节目，有着高分贝的声音、简化的戏剧冲突、过分渲染的情感表现，以及虎头蛇尾的人物性格。如果说这些只不过是无害的娱乐，那恰恰是正在走向无知。第三帝国便是利用瓦格纳的歌剧，试图以日耳曼民族的野蛮主义替代启蒙时期的理性主义。

风格主义设计的遗产

设计长期以来被诟病为艺术中需要被批判的因素，然而风格主义者们受到了巴尔达萨雷·卡斯蒂廖内和朱利奥·罗马诺的启发，为此画上了句号，并将设计应用于前所未有的领域。他们挑战并超越固有的审美经验，解放新的表现能量，揭示新的阐释方式。这样一来，在重构知识并将其引向启蒙和现代性的过程中，他们扮演的是批判性的角色。索芳妮斯贝自画像中的优雅自若，与这幅画想要传达的终极信息——对观点进行重构的复杂过程——相互结合，表现出高雅又绝不妥协的意识扩张，这恰恰是风格主义者留下的遗产。

[作者注]

引语：

Simon Schama, *The Power of Art* (New York:Ecco,2006).

1 Vespasiano, *Renaissance Princes, Popes and Prelates,* 译者 William George、Emily Waters，编者 Myron Gilmore（New York: Harper and Row，1963），104f。

2 Giorgio Vasari，"*Life of Giulio Romano*"，收编于 *Lives of the Artists*，译者 George Bull（New York: Penguin，1988）。

3 同上。

4 现在，城堡的外墙是砖面的，而原本是大理石的。而室内，"房子的下半部分是一个基座或 84 平方米大、10 米高的墩座墙，由石灰墙构成并以大理石铺面。进到入口，可以看到铭文，而其他墓志铭则被刻在了两扇门上。在石灰墙后面是 2 英寸厚的内墙，连接着呈放射状的砖墙组成了拱形大厅并围绕着主要的圆鼓。"出自 Samuel Ball Platner 著，Thomas Ashby 增补并修订的 *A Topographical Dictionary of Ancient Rome*（London: Oxford University Press，1929），第 336—38 页，可以从以下渠道得到：William P. Thayer, Lacus Curtius Educational Resource: A Selection of Articles from a 1929 Topography of Ancient Rome, s.v. "Mausoleum Hadriani" http://penelope.uchicago.edu/Thayer/E/Gazetteer/Places/Europe/Italy/Lazio/Rama/Rome/Texts/PLATOP*/Mausoleum_Hadriani.html.。文中引用已省略。

5 这个观察所得来自于 Ilya Sandra Perlingieri, *Sofonisba Anguissola*（New York: Rizzoli，1992）。

6 E.H.Gombrich,*New Light on Old Masters*(Chicafo: University of Chicafo Press,1986),166f.

7 Baldassare Castiglione, *The Book of the Courtier*，译者 Charles Singleton（New York: Anchor，1959），第 357 页。

8 有关这些文学方面的设计，参见 Robert Grudin, "Renaissance Laughter: The Jests in Castiglione's Il Cortegiano"，*Neophilologus*（1974 春），第 199—204 页；Grudin, "Sequenc and Counter-Sequence in Il Principe"，*Machiavelli Studies*，3（1990），第 29—42 页；及 Grudin, *Mighty Opposites*（Berkeley: University of Caligornia Press，1979）。

9 这一类型的学院在 16 世纪晚期风靡意大利。它们是由贵族资助组织而成的非官方社会机构，这些贵族会在此相聚讨论艺术和知识相关的话题。在意大利文艺复兴期间，这些社会机构成为了宫廷和大学的辅助，共同完成了文化变革。Vasari 的迪赛诺学院是其中的首例，并使学院拥有固定的组织机构。

10　跟随杰斐逊的脚步：自我设计的风潮

1941 年，乔治·德·梅斯特拉尔［George de Mestral］和他的爱尔兰短毛猎犬在瑞士古老的汝拉山脉中追寻猎鸟。整整一天，他一直要从狗身上和自己的裤子上剥下黏上的芒刺。梅斯特拉尔非常惊奇地发现，这些小小的“搭乘者”黏性十足，一旦沾上了动物皮毛或者羊毛衣料，便很难把它们取下。那天晚上，这名瑞士工程师把芒刺放在显微镜下观察，他愕然发现在这小小的种子外壳上布满了大量的小钩子，就像是几百双抓紧的手。于是他开始思考，是否有可能仿造这样的自然物，制作一种布料制的粘扣带呢。当他成功地制造出这一物件时，用两个法语单词的首组音节字母拼在一起，为它取了个名字。于是就有了 velour［天鹅绒］和 crochet［钩子］的结合：Velcro［维克罗，也就是魔术贴］。

——艾林·弗里曼［Allyn Freeman］和鲍勃·戈尔登［Bob Golden］

大自然为人类上了第一堂设计课。我们的房子是人工搭建的，这与房子出现前，人和动物寻找天然遮蔽物是一个道理。当我们注意到木块在水上漂浮，便将木块掏空或用树干绑成的木筏征服水流。其他更为先进的科技设计，比如楼梯、润滑接头和车轮，甚至现代化的奇迹——飞机和航空飞船，都来自于大自然的启示。我们不断地改变大自然的模式，破坏其原则，以求继续生存。

这样一种人与自然之间至关重要且亲密直接的关系，预示着人类将继续为了自己的价值和发展而把自然当作某种模板。事实确实如此，我们只需想想至今仍然存在，且在原始社会就能看到的协同效应。但是城市文明却毅然决然走上了不同的道路。城市化意味着与自然法则的分裂，再基于国家机构的价值进行重组。在这些机构中占据首要位置的是语言、宗教和法律。这些机构深具规范性，并彼此共同作用，创造了一种新的人性——一种与自然调和并与国家议题休戚相关的人类自我认知。忠诚、爱国、服从、虔诚等等类似的正确性，都使都市社会更为黏合，并成为国家权威的坚实后盾。我们可以从公元前 400 年雅典发生的事件中，看到这些价值如何行使权力。在那之后的一年，雅典人宣判哲学家苏格拉底有罪，罪名是“腐蚀年轻人”。

这样的城市模版延续至今，其形式千变万化，几乎可以在每一个现代国家发现其踪影。历经君主立宪和寡头政治、基督教义和共产主义，国家主义的概念经过长时间的锤炼终于降临我们的现代世界。当美国总统乔治·W·布什将那些持异见者定性为非爱国人士时，他实际上试图强加在他们身上的责难，等同于公元前 399 年迫害苏格拉底的那些罪责。然而，苏格拉底发出的声音并未因此而沉寂，犹如回声一般，他对于独裁统治和权威的批判犹在耳畔。

苏格拉底的异议有着坚实的社会和经济基础。作为一名现实主义者，他深信虔诚、意识形态和服从这些特质绝对无法替代知识。这一论说随后经由柏拉图和亚里士多德的大力提倡，衍生为社会思想的重要主体，带领欧洲进入现代社会，并在启蒙时期得以蓬勃发展。人文主义论说将知识视为国民整体的命脉，据此它赋予人们自由追求、自由表达以及自由进取的权利，由此引发的革命则带给美国人一个民主自由的社会。这一运动的英雄是那些社会建设家，他们摧毁了既有的管辖统治形式，创建了新的模式。他们设计了崭新的、拥有智慧和社会性的世界，事实上，他们也同样设计了自身。

设计自我？这些设计原则是如何作用于个人事业的呢？让我们以托马斯·杰斐逊[1]的人生为例，这是一个反复进行自我设计的人生。他的父亲从未受过专业训练，却组织起郡议会并成为弗吉尼亚下议院的一员，是一名白手起家的杰出人士。作为他的儿子，杰斐逊很早便开始改变自己的世界。他学习法律并进入了弗吉尼亚立法机构。当他还是新人的时候，便提出了废除奴隶制的法案。30岁出头的他在有关独立战争的论辩中起了决定性作用，并起草了《独立宣言》。几年后，他提倡制定的弗吉尼亚州宗教信仰自由法案极具说服力。作为美国第三任总统，他授权完成“路易斯安那交易”，

[1] Thomas Jefferson [1743—1826]：生于弗吉尼亚，做过农夫、律师、科学家、音乐家、哲学家、建筑师，更是美国第三任总统。《独立宣言》的起草者，《弗吉尼亚宗教自由法令》的制定者。

并为了确保新的领土能够得到科学的发展，特别遣派刘易斯和克拉克远赴勘探。他亲自设计了位于蒙蒂塞洛［Monticello］和白杨林［Poplar Forest］的两处居所，每幢建筑都具有独特鲜明的个人特色。他不仅创立了弗吉尼亚大学，还设计了中央大楼，并为课程设置和学生生活等学校传统定下基调。他在每个领域都投注心力，由此整个世界也向他敞开，积极与他攀谈，而他则自然地加入这样的对话中。除了西塞罗和丘吉尔，就我所知的历史人物中，没有人如他这般强有力地将精神生活与公民生活结合在一起。

在杰斐逊的设计中，我们无法发现任何信仰原则的模板。尽管他的许多想法来自于早期的主义者，特别是西塞罗，但他依然把自己定位为一名激进的自由主义者。他认可共济会——这个由他可敬的朋友本杰明·富兰克林引入美国的组织纲领所具有的价值，却从未加入。正如他自己所言:“我从未将我的整个认知机制附属于任何人为组织的信条，无论是宗教、哲学、政治还是其他任何领域，因为我能够独立思考。那样一种依赖关系，对一个自由且具备道德的人而言，是最严重的退化。如果我必须身为某个组织的一员才能上天堂，那我情愿不去天堂。”[1]他并不接受基督教有神论，相反地从无神论者伊壁鸠鲁［Epicurus］处获得启示。他尊重耶稣的道德哲学，却对马太、马可、路加和约翰嗤之以鼻，甚至用剪刀把自己《圣经》中与他们相关的内容整齐地剪掉。他认为基督教义本身是好的，却被那些基督徒给毁了。在他的认知中，最伟大的三位现代英雄是自由思想家培根、牛顿和洛克［他称他们为“三圣”］。他们的肖像仍然并排悬挂在蒙蒂塞洛他自己起居室的显眼处。

正是在这个“三圣”中，包含了杰斐逊之所以令人称奇的奥秘。众所周知，他是一名启蒙思想家，因此也就难怪他对启蒙时期的三位巨匠如此推崇。然而，我们时常会忘记的是，正因为培根、牛顿和洛克本身的偏向，启蒙思想其实是文艺复兴人文主义的直接产物。更为精确地说，杰斐逊是一位文艺复兴式的人物，一位在领导管理、法律、科学和教育中受到启蒙主义思想激发的人文主义者。那么，将杰斐逊视为人文主义者，为何如此重要呢？因为人文主义式的教育，较之任何其他思想源流，更能够给予人们指引且不具任何强加的限制。人文主义也因此成为自我设计最理想的发源地。人文主义创造的也许是唯一一个能让个人与国家进行自由对话，让真理能够在平等的基础上与权力进行交流的空间。

最近，人文主义受到诸多指摘。马克思主义者称其为资产阶级的幻想，后现代主义者则诋毁其为“统治阶级恐龙”，激进主义者们则将其斥为“魔鬼的把戏”。诚然，如今走入美国大学校园就会发现，人文主义已被残忍地过分狭隘化和过度商业化，近乎沦为思想的幽灵。但是，在它的全盛期，从文艺复兴早期到杰斐逊和歌德身处的时代，人文主义作为一种生活方式，可以说是进化生存的终极技能；作为一种面对人生的态度，它是催生奇迹、聚集能量的独特手段，并在稚嫩的挫折与个人独立间架起桥梁。

人文主义的教育策略将重心完全放在了现实世界的知识，即历史进程中所展示的语言和人类天性。学生们学习诗、演讲、法律、哲学，以及信函写作等这些多样的分支来掌握语言艺术。这种集中式的学习并非像“写作 IB”[1]那样的短期教导模式，而是被作为核心任务，贯穿整个学习生涯以及未来的人生。高年级的学生则被引导向关于历史的研究，以及对现实世界各种现象的观察。这种教育所隐含的目标在于对国家统治体制以及欧洲实行变革，将由神职者统治的中世纪封邑制度转换为由精英分子统治的基于新兴概念的国家共同体。鉴于没有其他教育方式能与之匹敌，人文主义式的教育让杰斐逊能够自给自足并完成了政治革新。

从杰斐逊的自我设计中我们能获得什么呢？我希望能够呈现关键的一堂课。但是，在进入这一课之前，谈谈另一位人文主义者或许会有些帮助。他与杰斐逊同样伟大，却没有他那么幸运。尼可罗·马基亚维利是佛罗伦萨共和国一名出色的公职人员，但是当共和国沦陷后，他也被罢黜。丧失一切国内职务后，他便归隐乡间。在写给朋友的一封信中，他如此描述自己的新生活：早上要监督管理农活或者在鸟舍中读爱情诗，下午则在当地小酒馆里聊天、娱乐。这些都是再平常不过的活动，却也不无深刻地向人们表明，即使已年过四十，热爱社交的马基亚维利依然尽自己所能地消耗着他的社会及欲望的能量。但是，晚上的事务才是真正重要的。这个流亡者会穿上旧时的宫廷服，埋首于图书馆。在那里他阅读先贤的书，用他自己的话说，那是在与他们交谈。那些对话最终铸成了马基亚维利的杰作——《君主论》。

[1] Writing IB：一种写作训练课程，以八个步骤提高人的写作能力。——编注

杰斐逊、马基亚维利和榜样的力量

我们不可能把任何人教为托马斯·杰斐逊或者尼可罗·马基亚维利，但是我们可以用他们的人生传达某种态度。杰斐逊一生中大多数事业都取得了成功，尤其是那些他自己启动的事业。当他开始设计自己的“亲爱的蒙蒂塞洛”时，才 26 岁。这种身体力行地建造自己的乌托邦的经历，必然带给他某种情感上的兴奋。而几年后，当他开始起草《独立宣言》，力图创造美国人的自由时，这种精神似乎同样在他体内激荡。随后，当他建造白杨林和创立大学时，同样的情况又再次出现。仔细探究杰斐逊的一生，我发现我们很难不做出以下推论：年轻的杰斐逊在设计的过程中，发现了自己最强的力量，甚至生命的意义，并让他能够以一个设计师的眼光看待此后人生经历中的任何角落或缝隙。杰斐逊的例子告诉我们，在人类活动中，也许没有比想象一个项目并最终完成它更让人兴奋并真实可靠的了。

在马基亚维利身上，我们可以看到同一个过程的不同侧面。首先，马基亚维利可以是任何一种身份，但绝对不是一名改革者。从各方面来说，包括他自己的认知，他只是单纯地喜欢处于各种国家事务的中心。他也许喜欢辩论、协商、为职业生涯撰写公文等等，这些努力如果成功地继续下去的话，他也许会成为一个拥有声望的人。马基亚维利的职业灾难促使他重新审视自己的人生。放逐期间的那些活动是纯粹的、规律的、令人愉快的，他度过了一段可说是有目的性的日子。而在写作过程中，他得以表达那些被禁止表达的强烈能量，以及对囚禁他的人的愤怒。他的文学创作为他敞开了知识的道路，并为他赢得了历史地位。因为一次职业生涯的悲剧，他重新设计了自己的人生，而他的努力成果则使自己的精神得以重生。

杰斐逊和马基亚维利的事迹告诉我们，设计是人类拥有的绝对性的东西，作为自我实现的形式，它可以在好的时刻和坏的时刻发挥相当的力量。它是理性的发动机、仁慈的天使，以及天然的兴奋剂。

穷街陋巷中的自我设计

尽管杰斐逊和马基亚维利能够将态度传达给我们，但是在日常生活的残酷现实中应该如何实践自我设计，恐怕很难一一传授。大多数美国人，尽管有着高收入，却因为职业使命，被逼入狭窄的时间走廊。为了完成老板定下的目标，不得不严重超时地工作，而他们的老板则被迫要比员工更努力地工作。类似律师和医生这样受欢迎的职业也许是耗时最多的工作，为了成功，甚至连那些个体经营的律师和医生都不得不成为日历和时钟的奴隶。他们的周末往往是在“奋起直追”中度过。除非节假日或者退休，他们根本没有指望过上马基亚维利那种有规划的日子。从闲适的旧时光中提炼出来的态度或许于他们有益，却难以付诸实践。

然而，相比悲惨的辞职经历，我们应该牢记庞大的美国经济一边快乐地驱使上千万的人超时工作，一边却寄希望于一小部分专业人士进行自身的改革，而这部分专家恰恰因为他们绝不超时工作而获取报酬，他们将超时工作转换成思想。他们都是些知识产权的缔造者、咨询师和大学教授。他们大多数时间在家工作，并且一周工作时间很少超过40个小时。因为用来衡量他们薪资的是他们奉献的质量，而并非劳动输出的数量或者是待在办公场所的时间，所以他们可以自由地设计自己的日子。[2]出于这个原因，他们有这个自由去认真对待杰斐逊和马基亚维利这样的事例。

但是，如何开始呢？开始进行自我设计，首先意味着你必须抱持慎重的态度，对日常生活中最卑微、最简单的事物重新审视。我需不需要增加花园里的水和阳光呢？它是否可能通过编排、种植而显得更丰富些呢？我的室内生活空间应该如何调整？房子里的这些物件是否能够友好地对话呢？这些房间或房间里的物件能否引发创造力的工作或孤独的沉思？我如何才能提高便利性而减少混乱呢？门廊或者平台的空间是否足以让室外进入室内，而让室内空间延伸向外呢？我的房子是否会在我离开家的时候召唤我，并在我回家的时候欢迎我呢？为了实践自我设计，就要提出这一系列新的问题，它们关注的是自我实现的方法，而不是确保安全和成功的方法。

关于如何获得最基本的自我设计，最好的例子就是准备食物的艺术。吃是我们与自然发生交流的最亲近的方式。在许多文化中，吃就是一次圣礼［“上帝，请保佑这食物”］。无论神圣与否，将食物料理得美味是一项优雅的行为艺术，而心怀感恩地享用则是了解并庆祝人类在这世界中的存在本身。类似其他形式的设计，烹饪可以是一种巧妙的救赎。打个简单的比方，我认为烹饪就是有形的诗，这种艺术拉近了我们彼此之间的距离，也让我们与大自然更亲密。

准备食物并端给客人，基本上是自我设计的象征。它有着改造一个人的世界所必需的所有基本要素：责任感、耐心、渴望、计划、技巧、愉悦、精确和勇气——由内在需要的表达开始，终结于外在表现。那些从更为复杂的自我设计动机开始思考的人们，往往会想到艺术作品、教养、爱情和友谊的复燃、知识的突破，以及情绪管理等等，这也许比从学习烹饪开始更糟。

学习一门像烹饪这样的艺术会激发一连串的心理历程，我们也可以称之为成长机制。这样的良性反馈循环，在遇到一些困难但富有自由度的活动时，会自我建构，并通过人们学习、享受的过程，融入个人性格。举例来说，像游泳或者骑自行车这样的活动。这些体育运动乍一看几乎不可能完成，对个人信心而言，需要做出极大的跨越。学会这些技能，我们要克服恐惧并绝对服从专家的意见。然而，当我们第一次掌握这项运动的瞬间，那种激动却是独一无二的。我们已被知识救赎，因此我们的个人世界变得更大。同样，每一个成长机制都导致个人向外部世界的进一步拓展，并使这个过程内含令人愉悦的因素。

成长机制可以说是年轻人的特质，是社会化和自主化进程的一部分。作为一名教师，我从未停止对年轻人爆发出来的近乎炽热化的能量表示惊叹。问题在于，该如何激发我的学生去经历那些过程，对此我始终未能发现一个快速便捷的方法。这种能量的迸出，有些是因为不断反复地被激发，甚至让人毫无察觉，还有些则是出于某些神秘的原因。只有当某个年轻人启动了成长机制，这样的能量爆发才有可能是稳定的，随之而来的改变也是不可逆的。于是，学习的快乐成为个人性格中的恒定因素。

成长机制所拥有的变幻莫测的力量，可以通过后天努力进行驾驭。为此，个人首先需要战胜的敌人包括目光短浅、出尔反尔，以及伴随着所谓的“成熟”而来的墨守成规。有几个 50 多岁的人会想要开始研读法律或者从零开始拉小提琴呢？为了重新体验成长机制的作用，人们必须重新唤起青年期的那种无助感、征服自我的自信，以及对于新鲜事物保持青涩的困惑。甘冒情感风险，方能体会到那种能量，尝到真正成长的滋味。

那么这些对于自身的重新设计会在哪个领域发生呢？这完全取决于不同个体。对我而言，烹饪是经典艺术，几乎适用于每个人。更冒险、更激进的自我设计规划也许涉及某人的恐惧症或者触及某人的弱点。那么，什么方法能让人进行挑战呢？答案当然是：任何奏效的方法！通常来讲，心理问题绝非单一线性的方式能解决的，因为自我意识的各个方面都会对这个问题产生影响。试着全神贯注于自己的某个问题，到哪儿都心系于它，将解决这个问题排在最优先位置并向专家咨询方法，接着各种各样的解决方法——包括购买现成物品以及自己手工制作——便会自动现身。

那么，马基亚维利那些有规划的日子又该如何实践呢？我们是否能够在当下实现这样一种平衡且富有成效的生活方式呢？我们可以试着将美好的一天在脑中幻化成鸡尾酒的图像，当然这是某种精神上的鸡尾酒，我们内心的渴望以及深深滋养着我们的各种行动经过了调酒般的混合。当我这样想的时候，我的思绪便会回到我人生中最忙碌的那段日子。那是在 1980 年代到 1990 年代初的十几年间，工作日我会在清晨七点起床，接着遛狗、做早餐并给孩子们准备午餐盒。九点前我就要坐在办公室开始写作，直到中午。我的午饭通常是在键盘前，一个贝果和一杯冰茶就解决了。从十二点半至下午三点半是授课时间，进行自己的研究或者完成委员会的职责。如果需要购物，我会在回家的路上顺便解决。然后，我通常会跟妻子在房子附近的公园里慢跑。回到家后，我们便给孩子们煮晚餐，并一起放松，直到他们该上床睡觉，再给他们讲些睡前故事。

那是段快乐时光，尽管没有什么轰轰烈烈的事迹，只是让我得以维持生计，而这恰恰是我最需要的。它几乎满足了我所有的内心需求，包括关心照顾他人并与之交流、进行创意性的工作、为社会做出贡献、锻炼身体，以及与所爱之人共同度过休闲时光。从根本上来讲，人类需要的无外乎这些。

这些都是自我设计的适当目标，一想到这些，我们或许会感到有些怀旧并看到一点希望。身处现代世界，我们从自然这个人类自身的发源地以及人类模仿的对象，不断向外拓展至今。但我们并没有完全遗失那些存在于我们内心的，充满生机、旺盛繁茂的自然。只有当我们清楚认知到这个隐藏于内心的能量宝藏，我们才能宣称掌握了关于自身的所有真相。自我设计的目的应当是重新与这种内在自然建立联系，发挥其潜在的积极性并使其延续至未来。

当我们重塑自我时，我们还必须时刻意识到真正的大自然。野生世界充满了能量、警戒和专注。野生动物们非常谨慎地面对生存，同时也对休憩、情爱和玩耍投入精力。它们以自己的偏好存在于世间，并无愧于心地进行各种生存活动。从某个深刻的意味来说，它们的日子是有规划的，并且是生机勃勃的、理性的、富有生产力的。也许，大自然并不能指引我们通往目标的途径，但是它能启发我们完成任务所需要的精神。

[作者注]

引语：
Allyn Freeman,Bob Golden, *Why Didn't I Think of That?* (New York:Wiley, 1997),99.

1 Thomas Jefferson，致 Francis Hopkinson 的信，1789。

2 关于这个职业现象的深度观点，请参见 Richard Florida，*The Rise of the Creative Class*（New York: Basic Books，2002）。

11　杰斐逊的墓碑：设计的隐喻扩展

我们会通过各种崭新的途径与某些思想遭遇。2004 年秋天，多亏了林奇堡学院发出的邀请，妻子与我才得以在西弗吉尼亚的绵延山区中度过了两个月的时光。我们在毫不知情的状况下，来到了托马斯·杰斐逊的故乡，距离白杨林仅几米之遥，那里有他自己设计的住所，尽管相比另外那幢位于蒙蒂塞洛的住所，并不那么出名。汤姆·艾伦［Tom Allen］教授带着我们参观了整座庄园，我不仅对房子中央那个粗拙的四方体结构的房间饶有兴趣，可爱的砖石砌成的八角形“必需之所”［户外厕所］也激发了我的好奇心。托马斯·杰斐逊把它建在了居所外的空间，不知道是否曾经造成不便。接着，我又拜访了蒙蒂塞洛，游览了弗吉尼亚大学的圆形大厅［the Rotunda］和花园，以及弗吉尼亚议会山庄的方形议会厅。我还购买了梅里尔·彼得森［Merrill Peterson］编辑的杰斐逊文集。尽管杰斐逊的作品向我展示了许多设计的因素，对我而言最吸引人的，还是他工作的方式，无论是建筑还是文学领域，他向我传达的是作为一个个体的独特风格。

再没有比杰斐逊所独创的墓碑更能向世人清楚明白地为他自己发声了。11 月某个晴朗的下午，我拍了一张墓碑的照片。墓碑是方尖碑，再次向人们展示出他对共济会象征图案的喜爱。根据他遗愿刻下的铭文写道：

托马斯 · 杰斐逊
美国《独立宣言》和
《弗吉尼亚宗教自由法》的执笔人
弗吉尼亚大学之父
安葬于此

这些话语让很多到访者感到困惑。为什么要提及不那么有名的《弗吉尼亚宗教自由法》？为何不提他曾连任两届总统或者是路易斯安那土地交易呢？答案或许在于：正如我们所看到的，杰斐逊在内心深处以设计师自居，而他独立完成的设计——包括起草的公文和创立的大学——才是他的至爱。[1] 不仅如此，他甚至还将设计的元素运用到自己的政治生涯。让我们从一个设计师的角度简要回顾他起草的《独立宣言》和《弗吉尼亚宗教自由法》。

宣言和法案都是文学设计的典型，从远古时代和文艺复兴时期便已确立的修辞原则中受到启发。在这两部著作中，我们可以发现杰斐逊最喜欢运用的语言表达工具，便是被称为“丰裕”[copia] 的修辞手段，它通常表现为就一个中心话题或主题，运用多样化的细节进行叠加式的雄辩。他对于“丰裕”的运用受到了罗马政治家西塞罗的影响，他称西塞罗为“世界上第一位大师”。《独立宣言》中，杰斐逊运用了丰裕手法，在一系列指责的语句中突出强调国王的不公正：

> 他拒绝批准对公众利益最有益、最必要的法律。
>
> 他禁止他的总督们批准迫切而极为必要的法律，要不就把这些法律搁置起来暂不生效，等待他的同意；而一旦这些法律被搁置起来，他对它们就完全置之不理。
>
> 他拒绝批准便利广大地区人民的其他法律，除非那些人民情愿放弃自己在立法机关中的代表权；但这种权利对他们有无法估量的价值，而且只有暴君才畏惧这种权利。
>
> 他把各州立法团体召集到异乎寻常的、极为不便的、远离它们档案库的地方去开会，唯一的目的是使他们疲于奔命，不得不顺从他的意旨。
>
> 他一再解散各州的议会，因为它们以无畏的坚毅态度反对他侵犯人民的权利……[2]

在他起草的法案［即宗教自由法案］中，他运用了巨兽般庞大的句群以及丰裕的叠加从句，来表达他关于宗教自由的观点，这种集聚效应让人觉得他的说辞无可辩驳。在此，我仅引用部分内容：

> 强迫一个人捐钱用以宣传他所不信和厌恶的见解，是罪恶

和专横的行为。即便强迫一个人捐钱给他所属教派中的这位或者那位牧师，也是剥夺他的自由，使他不能把钱捐给一位他可以树为道德楷模或者学识典范的牧师。而且，这也减少了牧师们在传道过程中可以获得的世俗报酬，而人们对牧师行为的这种褒奖，正是牧师们孜孜不倦去工作的额外激励；我们的公民权利并不取决于我们的宗教见解，正如它不取决于我们在物理学或者几何学上的见解一样。因此，如果因为一个人不皈依或放弃这个或那个宗教见解，就认为这个人不值得公众信赖，不让他担任公共职务，就是不公正地剥夺了他的权益，而这本来是他和他的同胞同样享有的天赋权利。这种做法通过垄断世间的荣誉和报酬，给那些貌似信奉某一宗教的人施以贿赂，它同时也是对那种宗教所宣扬的教义的腐蚀。无法抵制诱惑而假装信教的人固然都是罪人，那些放置诱饵的人也绝不能算是清白无辜的；人的思想见解既不是政府的管理对象，也不属其管辖范围。如果我们容忍政府官员把权力伸张到思想见解领域，任凭他们根据对别人观点不良倾向的推测而限制别人发表和传播原理，那将是一个可怕的错误，它会立刻断送一切宗教自由；因为他作为判断宗教观点的法官，自然会拿他个人的见解作为判断的准绳，赞许或者谴责全看是否符合自己的观点；假如宗教教义问题演化为威胁和平和良好秩序的公然行为，政府出于正当目的进行干预，仍然有足够时间；最后，真理是伟大的，它自然会占上风的，它有足够的力量去对付谬误。在真理与谬

> 误的冲突中，真理是无所畏惧的。它只怕人为干涉，解除其天然的武器——自由地论证和辩论。一切谬误，如果任何人可以自由反驳，就没有什么危险了。

杰斐逊采用散文形式反映了他作为设计师的思想。他明白任何类型的设计，都必须尽可能地与它身处的世界“同呼吸共命运”，因此在编写法案时，他避免简单罗列一两个观点，而是建构起一座名副其实的语言的城市，其中的每个段落从各不相同却同样有效的角度参与到现实的构建中。他明白一件作品的生命力恰恰在于细节，且仅当这些细节结合成为整体，才能发挥作用。他同样明白，无论这个整体的内在机制如何具有影响力，只有当它被设计为政治经历具有连贯性的一部分时，它才能良好并持久地运作。[3]民主正是基于这样的设计之上。宣言和法案是为了自由而进行的设计，以一种隐喻的意识来看，他最骄傲的成就，弗吉尼亚大学也是如此。[4]

“一种隐喻的意识。”我们已经领略到设计作为隐喻，可以为我们阐明数个关于人生的重要问题。让我与杰斐逊短暂分别，并进一步了解这个隐喻的多种用途。我们来看看由兰登·莫里斯［Langdon Morris］定义的流行词“社会设计”［social design］。根据他的定义：“‘社会设计’指的是创造使人类交流更为有效和积极的环境，并且最终为人们留下一个问题：更好的建筑是否能给人们带来更好的交流？”[5]社会设计将设计原则拓展到了知识管理之类的领域。其他的研究者和咨询师则开始探索组织机构设计、教育设计、研究设计、激励机制设计以及其他专业领域的主题，还有一些更生活化的专题，比如假期设计、蜜月设计和鸡蛋设计。

那么，究竟是什么赋予了“设计”这个词这样的权威性呢？与它那些严谨古板的“竞争对手”——规划和理论——相比，这个词有着更丰富的含义。设计指向的是现实世界的物质和现实世界的使用，它是三维立体的，同时也是大众的。优秀的设计师熟知他们所使用的材料，为使用者的利益着想，在进行设计时，他们考虑的是整体性，以及如何重塑这个世界。从隐喻的角度来看，设计象征着自由先进的意识、对现实的关注、强化的力量，以及坚实可靠的技能。

作为设计的实践者，也许没有人会比马特·泰勒［Matt Taylor］更为关注设计的这些象征了吧。他与妻子盖尔［Gail］共同创建了群体天才［Group Genius］、设计商店［Design Shop］，以及其他创新咨询公司。泰勒夫妇的客户及合作者包括NASA、沃顿商学院［the Wharton School］、美国军队、世界经济论坛［the World Economic Forum］，他们将好设计的概念融入所有公司的活动中。从最基本的地方开始，他们设计或者重新设计了这些公司的会议室，并为会议进程创造了一整套全新的词汇。通过这些措施，他们已经教会客户们用设计师的方式思考，当然不是以一个物品设计师的标准，而是让他们设计自己的未来。这样一来，泰勒夫妇［用他们自己的话来说］拥有了“压缩的时间”，即缩短了进行组织创新所需的时间。对此，设计商店的执行人托德·约翰斯顿［Todd Johnston］评价道：“他们的这个策略使得小到十人、大到数百人的团体能够共同参与设计，解决复杂的组织问题，而所花费的时间却只有传统商业规划或设计进程的百分之几。这种方法论催生了泰勒夫妇所说的‘群体天才’，即一个群体所拥有的能力，这项能力会产生持续的作用并集中力量寻找、建模以及实施高阶的解决方案。设计通常被认为是个人的活动及原则。我认为泰勒夫妇‘教导’的设计以及他们创造的程序，最值得注意的便是，人们得以一起设计。在与组织共同工作的同时，知识的传递远远超出执行办公室的范围而被拓展出去，遍布整个组织的每个角落，并强调设计是由上而下和由下及上同时发生的一种工作方式。”[6] 从泰勒夫妇的方法论可以看到来自于 20 世纪三项创新的影响：由卡尔·罗杰斯[1]和罗洛·梅[2]开创的创造力理论;弗里德里希·冯·哈耶克[3]关于知识经济的思想；马特·泰勒的老师弗兰克·劳埃德·赖特富有前瞻性的设计理念。再加上他们自己提炼的众多理念，包括将假设与思考试验结合在一起的组合［“假使……又如何”］。他们的工作向我展示了设计进入这个世界最极致的变形。

当我想着泰勒夫妇的同时，我发现自己其实一直在用一种设计师的策略给大学生们提供建议。如果有低年级或者高年级的学生向我表示对毕业后的人生感到不安时，我就会让他们遐想未来，并为

[1] Carl Rogers [1902—1987]：美国历史上最有影响力的心理学家，在教育、咨询、心理治疗、冲突解决，以及和平等领域，都做出了杰出的贡献。

[2] Rollo May [1909—1994]：美国存在心理学家和人本主义心理学家，被称作“美国存在心理学之父”。

[3] Friedrich von Hayek [1899—1992]：20 世纪西方著名的经济学家和政治哲学家，当代新自由主义思潮的代表人物。1974 年与他理论上的对手贡纳尔·默达尔一同获得了诺贝尔经济学奖。

他们绘制草图来勾勒他们五十岁的时候想要过的生活。我不会把他们限定在某个专业领域，而是提供更宽泛的选择，比如他们是否希望像个艺术家那样独立工作，还是想要像个律师那样拥有专业技能，又或者他们是身处社会还是在公司这样的机构中。我会问他们自己看到的那个未来，自己是否生活在都市中，是否拥有家庭，他们会以怎样的专业角色与人们建立关系等等。我就是用这样的方式激发他们设计自己的未来，哪怕只是一个小时后的未来。

设计与领导才能：西奥多·罗斯福和奥古斯都·凯撒

无需过多的解释，我们便能理解，同样的设计原则既能作用于个人生活，同样也可以通过优秀的领导才能推动大规模的社会变革。事实上，优秀的领导才能本身便建立在对美好未来进行设计的能力之上，并且集中社会力量实现这个设计。也许设计在总统政治中最富戏剧性的例子便是在西奥多·罗斯福[1]任期内发生的。作为一名未经选举产生的总统［他在威廉·麦金莱被刺身亡后，继任成为总统］，没有经过传统的宣誓就职，便走马上任并迅速启动了一系列政策，深思熟虑并一气呵成实施政策的结果是带来了美国经济的大变革。在他第一任期内，他阻止了公司托拉斯这一威胁美国民主传

[1] Theodore Roosevelt [1858—1919]：美国军事家、政治家，美国第 26 任总统，人称“老罗斯福”。1901 年总统威廉·麦金莱被无政府主义者刺杀身亡，他继任成为美国总统，时年 42 岁，是美国历史上最年轻的在任总统。

统的垄断经济。再次当选后，他积极推动州际商务委员会和消费者保护协会的成立，并将 1.94 亿英亩划分为国家公园的用地［这相当于他所有前任划分的土地加起来的 4.5 倍］。他获得的这些成就让国家基础建设发生变革，使之能够持续保护美国的领土和自由。罗斯福重新设计并重新定位了美国式民主，这让学者哈维·曼斯菲尔德［Harvey Mansfield］评价他的政策与威廉·詹姆斯［William James］的《战争的道德等价物》［*The Moral Equivalent of War*］的思想类似，并把他与战时的两任总统——亚伯拉罕·林肯及他的堂侄富兰克林·德拉诺·罗斯福［Franklin Delano Roosevelt］加以比较。[7]

泰迪·罗斯福慢慢意识到［西奥多·罗斯福的昵称］，自己最大的敌人，就是时间。如果他继续参加竞选并获得连任，他也许会让美国在这条他制定的道路上走得更远。要找到一名进步的、遵循设计原则的领导人，并且没有严格的时间限制，我们就要越过美国的制度，看向遥远的古罗马时代。盖乌斯·屋大维［Gaius Octavius］，后称奥古斯都·凯撒，统治了罗马将近 60 年的时间，在那期间他投身于一系列彼此关联并具有一致性的重大改革和创新。他自己如是说道：

> 我自行组建一支军队，并用它恢复了为派系势力主宰的共和国的自由。依法律裁决，我将那些刺杀我父亲的人放逐域外，以惩其罪；之后他们向共和国开战，我两次于阵前击败他们。我在全世界的陆地和海域发动内外战争，作为胜者，我宽

> 免了所有请求饶恕的公民。对那些可以被宽恕而无害的外族，我宁愿保护而不歼灭他们。大约50万罗马公民向我宣誓效忠；我将其中的30余万人送到殖民地区，并在他们服役期满后，将其遣返至他们的故乡，并给所有人分配土地或金钱作为服役的报酬……为了那些分配给士兵的土地，我还要支付欠款给当地城镇……我打败海盗，夺回了海洋的和平……我将罗马人民的所有行省——与那些还未归服于我们帝国的部族相邻的行省——的边界扩大了……我将埃及纳入罗马人民的统治……我为士兵们在世界各地建立了殖民地，包括非洲、西西里岛、马其顿、西班牙、希腊、亚洲、叙利亚、高卢和皮西迪亚。[8]

我们还是要有所保留地看待这些功绩［印刻在青铜圆柱上并出版于罗马］。奥古斯都省去了马克·安东尼［Mark Antony］在对抗布鲁图斯［Brutus］和卡西乌斯［Cassius］的战役中所起的关键作用，并且轻描淡写地诉说了他出色的同僚马库斯·阿格里帕［Marcus Agrippa］的成就。但是其他自述还是公正的，而那些功绩最终让他成为历史上最杰出的独立完成社会变革的领导者。奥古斯都发现罗马被分裂后，重新将其统一。他将地中海变成了罗马的一条河，并让整个宗教信仰接受了某种相对启蒙的文化影响。

“建设它”——这是关键。在奥古斯都统治下的罗马，关于建设的整体概念几乎是神圣的，至少有7个不同的单词用来指代过这一过程。以下是来自奥古斯都的叙述：

> 我修建的建筑物有元老院会堂和与之相邻的卡尔吉迪库姆［古罗马的一种建筑形式］，在帕拉丁山上带楹廊的阿波罗神庙，神圣尤利乌斯祠庙，鲁帕尔卡尔神龛，弗拉米尼乌斯竞技场上的柱廊——我准许用之前在同一地点建过柱廊的人的名字，将它命名为“奥克塔维亚”，大竞技场的神台，卡皮托尔山上的征服者朱庇特神庙和雷神朱庇特神庙，奎里努斯神庙，在阿芬丁山上的米涅尔瓦神庙、天后朱诺神庙和解放者朱庇特神庙，圣路顶点处的拉莱斯神庙，维里亚高地上的佩纳特斯诸神神庙，青春女神神庙，在帕拉丁山上的西贝拉神庙，等等。[9]

另外，奥古斯都还提醒整个世界，他重建了庞培剧院，改造了多处年久失修的水渠，完成了尤利亚广场及大会堂的工程。相对他获得的其他功绩，奥古斯都用了更多笔墨描述自己作为公共建筑师的功绩。作为一名建设者，维特鲁威[1]被尊为建筑理论之父，他认为公共设计是政治权利的正确扩张方式，并且表达了自身的愿望：“国家富强不应仅仅体现在以你的能力不断扩张领土，也应该将权力的伟大意义体现在进行公共建筑建设的权威之上。”[10]

如同他伟大的叔叔以及养父尤利乌斯·凯撒，以及他杰出的继

[1] Vitruvius［前 80/70—前 15］：古罗马御用工程师、建筑师，曾为奥古斯都服务。其重要著作《建筑十书》，是世界上遗留至今第一部完整的建筑学著作。

任者图拉真[1]和哈德良[2]一样，奥古斯都在身为一名优秀领导者的同时，也扮演了城市设计师的角色。设计与政治紧密结合的传统也被托马斯·杰斐逊继承，他研究学习了古罗马的历史，并用砖石水泥实现了他们的建筑理念。

设计的思想让奥古斯都的政治在相对少的物质投入之下，仍显得生机勃勃。他总是筹划着进行公共项目，让他的公民能够投入到这种有益身心并具建设性的活动中。他始终让无数的罗马人忙于建设而无暇抱怨，同时也使这些公民能够参与自己国家的建设并获得尊严。事实上，奥古斯都的设计体现了某种政治战略视野：罗马是一个永远在建的建筑工程，其中每一项成就都为下一个铺就基石。鉴于此，奥古斯都也得以始终保持备受爱戴的形象，当他最终卸任时，依然拥有极大的影响力和来自民众的尊重。在自述中，他说道："在我第六次和第七次任执政官时，我因平息内战，经一致同意掌控了所有事务，将国务从我的权限中转交到元老院和罗马人民的仲裁……从那时起，我在影响力上超过了所有人，但我拥有的权力并不比与我同掌任何官职的同僚更多。"[11]

作为皇帝，他完成了一系列优秀功绩。公元 14 年他去世之后，罗马政体经由几任较弱的领袖统治，其中包括恶名昭著的卡

[1] Trajan [53—117]：古代罗马帝国安敦尼王朝第二任皇帝，五贤帝中的第二位。在位期间，对内巩固了经济社会制度，对外发动战争，将罗马帝国扩张到历史上最大疆域，获得了罗马元老院赠予的"最佳元首"称号。

[2] Hadrian [76—138]：古代罗马帝国安敦尼王朝第三任皇帝，五贤帝之一。在任期间，停止东方战争，与帕提亚国王缔结合约，改革官僚制度。

里古拉[1]和尼禄[2]，直到80年后涅尔瓦[3]的出现，备受折磨的罗马才得到拯救。

奥古斯都长期且卓有成效的统治告诉我们，设计原则能够为领导带来生机和永续性。我们甚至可以说，所有领导者都应该始终把组织的未来设计放在心头，并利用设计的精神激励他的下属发挥积极的能量。

设计概念的起源

正确来讲，作为名词和动词的“设计”一词源自拉丁文。拉丁语 Designare 承载着多个含义：“符号；标示 / 标记 / 描绘，勾画 / 描述；标明 / 指定 / 指示；做记号 / 选择；指派，选举 [地方法官]；命令 / 规划；策划；施行。”这个小小的词群同时也向我们展示了奥古斯都精神的特征：实用性、系统性、主导性，以及非比寻常的创造性。罗马人对设计的热情让他们的公共建设持续到了 2 世纪，但是在接下来的几个世纪中，随着罗马文明的衰落以及基督教的强

[1] Caligula [12—41]：全名盖乌斯·凯撒·奥古斯都·日耳曼尼库斯，罗马帝国第三任皇帝，被史学家称为“卡里古拉”，来自他童年的外号，意为“小军靴”。他被认为是罗马帝国早期的典型暴君。

[2] Nero [37—68]：全名尼禄·克劳狄乌斯·德鲁苏斯·日耳曼尼库斯，古罗马帝国朱里亚·克劳狄王朝的最后一任皇帝，是古罗马乃至欧洲历史上有名的残酷暴君。

[3] Nerva [35—98]：古代罗马帝国五贤帝时代的第一位君主，也是最后一位在意大利半岛出生的非罗马公民君主。

盛，设计和其他艺术思想也逐渐被淘汰。

当然，情况还不至于那么糟糕。罗马建筑师联盟被允许延续，从中世纪到文艺复兴时期，它至少残存了这么一段时间，或许这是为了建设大规模的工程。这个拥有高技能专业人才的联盟接到的任务包括建造大教堂和其他一些公共建筑。他们在强大的圣殿骑士团的支配下进行工作。这个出现在13世纪巴黎的团体，作为宗教组织获得了法国国王赋予的特权：不受封建制度的支配，并且可以自由旅行。“共济会”这一名称最早出现在14世纪的英国，它主要由建筑大师与他们的门徒组成，是一个高贵庄严的组织体系，其中的成员有理由将自己看作是超越同时代人的知识分子。他们汇聚在一起讨论那些工艺，他们的聚集处也成为共济会社。渐渐地，他们的讨论开始朝理论思辨的方向发展，也会有一些与建筑专业无关的专家学者前来参加会议。到了17、18世纪，组织的发展大大推动了自由思想社会的形成，并对当时的英国和美国政府产生了广泛的影响，特别是富兰克林和杰斐逊执政期间。[12]

然而，如我们已经掌握的信息，“设计”这一现代概念的形成并发展为一门学科，事实上有着不同的渊源。乔尔乔·瓦萨里之所以重要，不仅仅因为他引入了设计这一概念，还有其他因素。从广义上来讲，他创立了艺术史和艺术鉴赏的现代话语。更甚者，他的那些陈述大大提升了朱利奥·罗马诺和米开朗基罗等艺术家的地位，他们从早期的高级画师转变为英雄般的存在，从而身处那个因他们的天赋而重获新生的社会的中心位置。为了完成这个革命性的目标，他恰如其分地将设计定性为神圣的产物及启示。这很大程度上得益于瓦萨里，西方的艺术家们成为了重要的文化偶像，随之而来的是他们得以在风格和主题上不断深入地挖掘拓展。[13]

但是，瓦萨里关于设计的思想，以及将设计定义为超越规则的过程的思想，直到三个世纪后，才发展成为固定的职业。“莫里斯、马修、福克纳公司”于 1861 年成立于伦敦，这是第一家具备所有现代设计公司元素的组织，而创始人威廉·莫里斯[1]也被认为是历史上第一个将设计本身作为职业的设计师。作为一名诗人、社会思想家、出版人和理论家，莫里斯同时也是一名室内设计发展的先驱者。他反对维多利亚时期风行的有着豪华装饰的室内设计，而以独创的整体风格取而代之，在他的设计中，家具和装饰体现了共通的视觉主题而使房间成为一个整体。由此，他独自完成了许多织物、地毯、壁纸、彩色玻璃和家具的优秀设计。同时，他还勤于笔耕并到处演讲，主题从实用主义到乌托邦主义。莫里斯赋予设计这一专业以整体特征，并将设计提升到了美术的高度。

在跨入 20 世纪之际，设计师们依然面对另一个难题：大众化生产。设计会继续作为小部分精英客户的珍藏存在，还是能够被传播至整个世界呢？弗兰克·阿尔瓦·帕森斯［Frank Alvah Parsons］代表美国为这个问题提供了答案。1910 年，帕森斯出任切斯学院［Chase School，后以他的名字命名为“帕森斯学院”］校长，在随后的 20 年间，他将学院打造成为第一所现代设计学院。他将设计的范围

[1] William Morris [1834—1896]：19 世纪英国设计师、诗人，工艺美术运动创始人。

进一步拓展，并将大量生产的物品纳入其中，从而使设计登上了现代舞台的中央。特此引用学校网站上的评价：“通过将视觉美感引入美国中产阶级的日常生活用品中，本质上来说，帕森斯在美国创造了设计的现代概念。最初，学院教员关注的是人们的居住空间、服装、看的广告，以及使用的家具和桌上用品。他们所教授的原则在于实现民主化的品位，使其适用于广泛的美国人。”[14]

到了1930年代，设计已经成为一种公认的职业，在帕森斯学院的课程中包括时装设计和室内设计等专业课程。此时，类似的原则同样在德国魏玛的包豪斯学院实行。包豪斯风格来源于比利时人亨利·凡·德·威尔德[1]的成就。他受到来自莫里斯的影响，成为新艺术运动的创始人之一。

设计思想的演变历史向我们展示的是来自尊严和承诺的召唤。自从瓦萨里提出设计的思想，它的实践者们，包括奥古斯都、杰斐逊和罗斯福，便开始不断进行拓展，创造作品来印证其丰富强大的衍生发展。设计就像是带有魔力的想法。不同于其他理念，它召唤我们创造整体与部分的统一、功能与形式的和谐，并且用最终的成品调和自然与社会。设计可以说是一种激进的隐喻，其对象是任何领域中的创造性思维。

---

[1] Henry van de Velde [1863—1957]：比利时画家、建筑师、设计师、教育家，比利时早期设计运动的核心人物与领导者。

设计的局限性：威廉·布莱克

要说到将设计作为隐喻，那就绝不能漏了被托马斯·杰斐逊盛赞的英国现代诗人威廉·布莱克[1]。布莱克在英国美学史上的地位特殊，当然这不仅仅是凭借他的文学成就。除了少数大受欢迎的作品，人们对他的评价也是极端的，他是个有天赋的抒情诗人，同时他又不过是个沉闷的专卖赞美诗的商人。他的想法总是发散的，没有深度、智慧或者戏剧性。他缺乏作为伟大的诗人所必需的因素：对当下现实的警示。事实上，他的思想总是飘荡在别处。正如他妻子有一次说到的："布莱克先生很少伴我左右，他总是'在天堂'。"

读者如此钟爱布莱克的原因在于他的美学信念所具有的深度和凝聚力。作为一名更为称职的插画家，他为自己的诗词配上图像，它们是如此动人贴切，能够很好地强调他的诗词想要表达的意味。由此，他开创了一种混合的形式，两者叠加成整体的效果要远胜于它们各自独立存在。但是，布莱克并未就此止步。他独立进行雕刻、印刷和染色，监管着他的书从灵感到出售的整个过程，其中他所付出的正是辛勤劳动。拿起一块印刷铜版，他要切割边缘并将其抛光到像镜子一样光滑。然后涂上蜜蜡和沥青制成的涂料，并用蜡烛将其熏黑。"一旦涂料发黑变硬，布莱克便把自己的设计图覆上有涂料层的铜版。他有时会直接在铜版上作画，或者复制自己画在

[1] William Blake [1757—1827]：19 世纪诗人，英国第一位重要的浪漫主义诗人。代表作有诗集《天真与经验之歌》等。

纸上的原创设计。如果画样为了适应铜版大小必须有所减缩，他便会直接将其转印到铜版上。布莱克会用一种名为填隙针或压针的圆头刻针，沿着原创设计的每一条线将粉尘压上铜版。因为填隙的过程发生了左右镜像的翻转，因此最初的原稿也要左右翻转才能转移到铜版上。接着，使铜版翻面，开始进行蚀刻。”[15] 然后，在铜版上浇上酸性溶液使其腐蚀，仅仅这个过程就要花上 9 个小时。清洁完成后，这块铜板就可以准备印刷了。布莱克把凹版油墨覆盖在铜版上，并压住纸张。最后，他还需要自己上色。

这个冗长乏味又让人筋疲力尽的过程，却让布莱克能够完全控制作品的创造。他做出来的这些书成了自身个性的有机结合物。他想要表达的意味并未被局限在语词中，而是通过词语和设计“联姻”，就像是它们的子孙一般呈现在我们面前。就算是那些不赞同他信仰或是不赞赏他诗词的人们，在看过他的书之后，也很难没有一丝触动，继而尊敬他的所作所为，他能够将人类本性深刻地体现在设计中。

关于布莱克的一桩轶事可以让我们见识到他的古怪性格和正直本性。“有一天，威廉 · 布莱克正在工作室内独自干活，一位不请自来的客人让他吃了一惊。他的客人同样惊奇地发现布莱克正在画一幅肖像画，对象却是一个看不见的人。他看一下‘那个人’，再下笔画，再看一下，再画，很明显地想要捕捉某些精神上的共同点。当来访者想要说话时，布莱克打断了他。‘不要打扰我’，他恳求道，‘有个人坐在那里让我画。’‘但是，那里没有人啊。’那人回答道。‘但我看到他了，先生，’布莱克还是坚持，‘他就在那儿，他的名字是罗得——你会在《圣经》中读到关于他的故事。他正坐在那里等着我为他画的肖像画。'" [16] 无论我们对于布莱克的理性做何评断，他关于罗得的幻想证明，对他而言设计是从概念到印刷品的一个不间断的独立过程。

设计的视野与尊严

杰斐逊、罗斯福、奥古斯都和布莱克都属于某个特殊类型的设计师：他们都独立完成自己的设计。他们的人生向我们证实了在设计过程中所蕴含的视野和尊严。他们有力地说明，尽管英勇事迹、天才的涌现、整个人类赋予的胜利、冒险以及严酷考验等等，也许会有更高的价值，但是没有什么能比得上孕育一个想法并让它开花结果这样简朴的过程。特别是当这样的项目与社会议题相关时，便会让设计师脱离专业技师的行列，进入到人性的完整剧本中。

［作者注］

1 "最吸引他并且让他投入所有精力的是那些需要他运用自身的机械知识和工艺美术技巧的项目，他可以进行设计并监督整个项目进程。"出自 Joseph Ellis, *American Sphinx*（New York: Random House，1996），第 168 页。

2 将 Thomas Jefferson 的丰裕手法运用，与 Cicero, "First Oration against Catiline" 中

著名的丰裕修辞段落相比较：

喀提林，我以上苍的名义起誓，你对我们的耐心要滥用多久？
你对我们的嘲弄要疯狂多久？
你不受约束的鲁莽要嚣张到何时？
对你来说，夜间有人驻守的帕拉丁算不了什么，
到处有人巡逻的城市算不了什么，
人民的惊恐算不了什么，
所有最诚实的人组织起来的力量算不了什么，
元老院在这戒备森严的地方召开会议算不了什么，
所有在场者脸上的表情算不了什么？
你不知道你的计划已经暴露了吗？
你看不到，由于所有这些人的知情，你的阴谋已经被捆住手脚了吗？
你以为我们中间有谁不知道你昨天晚上干了什么、前天晚上干了些什么、
你当时在哪里、你召集了哪些人，你作出了什么样的部署吗？

（Lewis Copeland、Lawrence W. Lamm、Stephen J. McKenna 编 *The World's Great Speeches*，第四版加印，[Mineola, NY: Dover，1999]。）

3 在我另外一部著述中有更为详尽的关于“丰裕”的讨论，*On Dialogue*（Boston: Houghton Mifflin，1996），第 3 章。

4 有关杰斐逊就教育问题表达的鲜明观点，可参见 Robert Grudin, *American Vulgar*（Emeryville: Shoemaker and Hoard，2006），第 97 页及注释 61。丰裕策略是如何让建筑师和其他设计师的工作公之于世的呢？关于这一点已经有杰出的景观设计师 Frederick Law Olmsted（1822—1903）做出如下阐述：“在一个有着高度知识和文明的世界中，艺术作品的创作首先会有一个明确独立的目的，伴随着的则是一组各式各样的附属目的。正因为有着附属目的多样化的存在，通过共同作业，主要的目的才能够得到更好地完成。第一个确立的目标决定了整体的质量及和谐度，而其他的目标则服从于主要目标。”出自 Frederick Law Olmsted, *Mount Royal*（New York: Putman，1881），第 14 章。

5 Langdon Morris, *Permanent Innovation*(Lulu.com, 2006),226.

6 Todd Johnston，致 Robert Grudin 的信，2007 年 1 月 8 日。

7 参见 James 的同名评论，最初是在罗斯福第二任期内 1906 年的一次演讲。Harvey Mansfield, “The Manliness of Theodore Roosevelt”，*New Criterion*，23 期（2005）

8 Augustus, *The Deeds of the Divine Augustus*，译者 Thomas Bushnell, Copyright 1998, Thomas Bushnell, BSG, http://classics.mit.edu/Augustus/deeds.html。

9 同上。

10 Vitruvius, *The Ten Books on Architecture*(1914;rpt. New York: Dover, 1960),3.

11 Augustus, *The Deeds of the Divine Augustus*.

12 关于共济会及其与圣殿骑士团的联系，可参见 Paul Naudon, *The Secret History of Freemansonry*，译者 Jon Graham（Rochester, VT: Inner Traditions, 2005），特别是第 1 章至第 7 章。

13 关于 Vasari 在提升艺术家声誉方面的重要性，可参见 *The Renaissance Imagination: Essays and lectures by D.J.Gordon*，编者：Stephen Orgel（Berkeley: University if California Press，1975），第 24—26 页。

14 “About Parsons: History”，可访问帕森斯设计学院（Persons The new School of Design）网站：http://www.parsons.edu/about/history.aspx.。

15 “Blake : Artisan”，可访问纽约联合学院（Virtual U，Union College, NY）网站：http://www.vu.union.edu/~blake/artisan.html。

16 Clifton Fadiman 编，*Little, Brown Book of Anecdotes*（Boston: Little, Brown，1985），第 66 页。

12　自由：一项知识设计

我希望我们可以对金钱至上的公司制度所催生的贵族统治防患于未然，因为他们已经够胆挑战政府进行一场力量的比赛，甚至蔑视我们国家的法律。

——托马斯·杰斐逊

我非常渴望看到把最高程度的教育给予天赋更高的人以及各种有天赋的人，以便使他们能够阅读和理解世界上正在发生的事情，并使他们在其中的作用沿着正确的方向发展。因为除了他们自我警惕并充满质疑的监督之外，没有任何东西能使他们保持正确的道路。

——托马斯·杰斐逊

经过长达六年的奋战，乔治·华盛顿终于成功地使美国脱离殖民统治，成为一个独立自由的国家。此时，来自殖民者的声音宣称，华盛顿成了美国的加冕国王。这个不无讽刺的事件说明一个令人悲伤的事实——自由是最难达到的政治目标，同时也是最容易遗失或丢弃的珍宝。

我们无需向上追溯过多来探究原因。民主政府不同于其他形式的政府，是由人民管理的，而人们最大的弱点便在于为了追求财富和安稳会贬低自由的价值。美国那众所周知的自鸣得意，却被退化了的教育系统奉若神明或者被媒体刻意迎合，这便是贬值的一种表现。另外一个则是美国公司制度下不断膨胀的霸权，那些贪得无厌的财富追逐者们正以利己主义的游说腐蚀着美国的自由。这些公司声称他们是在行使自由，如果真是这样，那么他们所说的自由绝不是托马斯·杰斐逊所设想的自由。对杰斐逊和他的同僚而言，美国的自由是一个容纳各种观点的复杂混合物，通过文化不断灌输，蕴藏于文学，存活于语言，并最终体现在个人身上。然而，对于那些公司和华盛顿的支持者而言，自由无非就是零钱罐和宽松的市场。

假设民主能够出口到国外，就像是弗吉尼亚出口火腿那样，这样一种对自由肤浅且利己的解释，将变得尤为危险。我们已经看到，在美国对伊拉克采取的政策中，这样的态度造成的结果。布什总统针对伊拉克制定的计划可以浓缩为两个主要因素：对萨达姆·侯赛因的强行驱逐，以及民主政府的建立。但是，这个计划在面对现实的时候却付诸东流。摧毁萨达姆的权力机构看起来很美好，但却引发了同等的不幸。布什—拉姆斯菲尔德对伊拉克的策略忽视了伊斯兰教的分支——逊尼派和什叶派的区别，而这恰恰是让那个国家在今天面临最大的政治冲突的根基所在。被忽视的是作为政治化形式出现的伊斯兰激进主义对政教分离的国家形态的拒绝，而这在西方国家正是民主不可或缺的因素。同时，这个计划还忽视了在伊拉克仍然缺乏民主机构和相应的社会结构，即托克维尔[1]称之为必要的“心灵的习惯”。

在很大程度上，正是因为缺乏这些心灵的习惯，从没有一个阿拉伯国家能够完全演变为一个民主国家。即使在演变得最好的土耳其和埃及，伊斯兰教也仍然有强大的影响力并与世俗的政府处于一种非固定结盟的关系。而伊朗，仍处于伊斯兰教的绝对统治之下。伊斯兰教具有深刻的政治性。正如伊朗的铁腕人物鲁霍拉·穆萨维·霍梅尼［Ayatollah Khomeini］所言，伊斯兰教本身即是政治。这种结构性缺失形成的民主进程的障碍，完全被美国这些试图为伊拉克设计一个民主国家的战略者们忽略。我们从美国宪法或者其他自由国家的宪法可以获悉，获得自由的条件是可以被设计的，但是在缺乏必要的文化原材料的情况下，这种设计不可能完成。

这些情况引发了一系列的问题。在创始者脑中，构成自由的所谓各种观点的复杂混合物究竟是什么？它又是如何演变的？美国式的自由是否能够在美国永久持续呢？对非西方国家而言是否存在另一种版本的自由呢？让我们来逐个探讨。

---

[1] Alexis-Charles-Henri Clerel de Tocqueville [1805—1859]：法国历史学家、政治家，政治社会学的奠基人。

在创始者脑中，构成自由的所谓各种观点的复杂混合物究竟是什么？它又是如何演变的？

在上一章中，我引用了杰斐逊起草的《弗吉尼亚宗教自由法》的主干部分——一个庞大的句群。主要是因为这个句子使用了从古罗马传承下来的修辞手法，我称之为文化设计。其实，事情远远不是这么简单。在努力为某个想法彻底地运用一切有效的含义时，杰斐逊创造了一种知识设计：一个轮廓，经过详细地解构研究，便会揭示关于人类自由的思想。因为按照杰斐逊的理解，自由不仅仅是一项法律特权，也不是享有特权的生活方式，还是一种内在于人的关于权力和责任的文化观念。杰斐逊式的自由是一个知识体系。

在杰斐逊之前，这种知识设计花费了一千年的时间形成。它起源于 9 世纪到 12 世纪期间，当时古希腊思想在阿拉伯世界的各处得到复兴。具有讽刺意味的是，它的发源地是曾经辉煌的巴格达，阿拔斯王朝的首都。一位阿拉伯历史学家曾经将其中一任国王马蒙［AL-Mamun，813—833 年在位］描述为最高等级的人文主义者：

> 他到处寻求知识的宝藏，派遣他的智囊团和情报人员去往各地挖掘这些隐藏的知识，并把他们收入自己的智慧库。他与拜占庭的国王们建立交情，送他们珍贵的礼物，并请求他们用自己收藏的哲学书籍交换。这些国王送给他的书籍包括柏拉图、亚里士多德、希波克拉底、盖伦、欧几里得和托勒密。然

> 后，马蒙挑选最有经验的翻译家，让他们尽最大努力翻译这些书籍。当这些书籍被翻译得尽善尽美后，国王便会要求他的下属阅读并学习这些知识。结果，在这个王子的统治下，科学运动发展壮大。学者们的地位很高，围绕在国王身边的都是些有识之士、法律专家、传统主义者、理性主义者、神学家、辞典编纂者、编年史作者、诗人和系谱学者。[1]

马蒙资助了第一个阿拉伯国家亚里士多德学派学者肯迪［Al-Kindi］。他所写的关于自由思想的论述可以说是划时代的：“我们不应该因为赞颂真理并从任何地方获得真理而感到羞耻，即便它来自于遥远的人种和不同的国家。对于追求真理的人而言，没有什么比真理更珍贵的了。绝不能诋毁真理，也不能蔑视任何述说真理或者传递真理的人。”[2]

尽管阿拉伯文化的成就在 1258 年遭到蒙古侵略时受到严重破坏，但是在接下去的几个朝代依然能看到重要的科学进步、阿拉伯诗的兴起、伊斯兰教壁画的辉煌、在国际上享有盛名的阿拉伯医学、制造业和贸易的重要发展、杰出的历史学家伊本·赫勒敦［Ibn Khaldun］，以及苏莱曼一世［Suleyman I the Magnificent］位于伊斯坦布尔的壮丽王宫。伊斯兰教的现代史并非一个关于停滞不前的文化的故事，而是一个文化发展到了空前水平，却因激进主义的专制而宣布放弃的过程。[3]

但是，被阿拉伯世界彻底抛弃的文艺复兴却在欧洲找到了永恒的家。思想流动的管道经由西班牙通往欧洲。伊本·路世德［Ibn

Rushd]——一名西班牙阿拉伯智者，受益于巴格达的哲学传统，与肯迪、阿维森纳[1]、法拉比[2]、伊本·巴哲[3]对亚里士多德做了一系列评论。他还发展出自己的一套学说，后被称为“双重真理论”。其中他有礼有节地辩论到宗教信仰与科学探究可以共同繁荣，而潜伏在这些论辩中的却是关于知识自由的激进概念。可以说，当今世界，自由的历史根源来自阿拉伯世界对自由思想的提倡。

在路世德去世后的一个世纪里，亚里士多德的思想迅速传播，其影响力甚至到达了弗雷德里克二世的宫廷、卡斯蒂利亚国王阿方索十世的宫廷，以及巴黎大学。到了 13 世纪中期，它引起了佛罗伦萨思想家和政治家布鲁内托 · 拉蒂尼 [Brunetto Latini] 的关注，而他又把这些思想传递给了年轻的学生但丁 · 阿利吉耶里。多年后，流放中的但丁运用亚里士多德的方法论对欧洲的主教专政进行抨击[《论世界帝国》]。[4] 诚然，当时的但丁仍然是以君主主义者的身份进行写作，但是他的著作为自由的第二个重要组成部分——政教分离——打下了坚实基础。

教导但丁无疑是布鲁内托最难忘的成就。在他的时代，他的功劳还在于对佛罗伦萨共和体进行了再教育。在这个过程中，他成为

---

[1] Avicenna [980—1037]：中亚自然科学家、医学家和哲学家，名著《医典》直到 17 世纪仍被欧洲视作标准的医学教科书。

[2] Al-Farabi [872—950]：阿拉伯著名的哲学家、法学家。作品涉及政治哲学、玄学、伦理学和逻辑学。他同时也是一名科学家、数学家、音乐家。

[3] Ibn Bajja [1085—1138]：笔名 Avempace，阿拉伯中世纪哲学家、天文学家、医学家、音乐家、诗人。注释过亚里士多德许多自然科学著作，主要作品有《告别论》《索居指南》。

现代政治思想发展创造出的文化以及公民的支点。布鲁内托认为，只要佛罗伦萨的文化依旧处于封建价值观和教会权威之下，佛罗伦萨的公民就永远不可能获得自治的权利。为了对抗这些力量，他建立了自己庞大的知识设计系统——一本被他贴切地命名为《宝藏》的博学多识、极富说服力的著作。布鲁内托的《宝藏》无异于一种新文化的指导手册，主要由三个部分组成：亚里士多德的伦理学、西塞罗的演讲术，以及作者自己作为政治家在国内外的经历中提炼出来的格言，这三个部分共同形成了教育程式，让他的读者在精神上获得自由，并采取行动，为自己争取一个有着众议制并自立的政府。《宝藏》迅速产生了巨大的影响力，与布鲁内托的其他著作一起，连同他作为公民领袖的身份，影响了接下来好几代佛罗伦萨文化的发展。布鲁内托也成了我们认知为“人文主义”的这个知识、政治思想系统的创立者。接下去，经由弗兰奇斯科·彼特拉克[1]、乔万尼·薄伽丘和科卢乔·萨卢塔蒂[2]的传颂，这一人文主义学说成为诞生文艺复兴等一系列社会变革的重要依据。

布鲁内托的著作解放了他的佛罗伦萨同胞们。很快地，他们开始用拉丁文的“自由”[*Libertas*][5]来描述他们的政府。这个词语成为他们面临重创时的口号，特别是1375年整个城市加入反抗阿维尼翁教皇的战争时。*Libertas* 直到今天依然是佛罗伦萨的箴言。尽

[1] Francesco Petrarca [1304—1374]：意大利学者、诗人，文艺复兴第一位人文主义者，被誉为“人文主义之父”。

[2] Coluccio Salutati [1331—1406]：意大利文艺复兴时期人文主义者，曾任佛罗伦萨执政官。

管佛罗伦萨城的自由终结于15世纪末期，但是这个词对尼古拉·马基亚维利产生了巨大影响，致使他将这个思想传播至现代世界。

探讨自由的四个主要部分——自由的思想、政教分离、众议制政府和关于自由的理念——如何在一个世纪的时间段内对单独一个城市产生影响，主要是为了理解自由的理念是多么具有感染力和多么令人陶醉。同时，我们也能更好地理解为何自由及其对人类行为做出的暗示能够在佛罗伦萨的代表作品——薄伽丘的《十日谈》中，持续不断地成为永恒的主题。薄伽丘的这本书以一个象征性的解放作为开头：十个青年男女离开了瘟疫蔓延的佛罗伦萨，动身前往别墅躲避瘟疫。从各种角度来看，别墅明显象征着艺术和自然带来的快乐。这些年轻人创建了属于自己的知识共和国，这个共和国的规则便是自由的表达、严格的平等以及必须交换讲故事。直到他们回家，他们已经讲了100个故事，每个故事都包含了些道德评判。《十日谈》的道德观便是永恒的解放。仔细阅读，你会发现薄伽丘的这本书就是现代自由理念的“圣经”。

《十日谈》的道德观使其成为人文主义的武器，用以对抗中世纪的专制统治。薄伽丘将理性与自然摆在了优先位置，与基督教义的信仰和上帝相对立。他设置的人物角色为女性权利仗义执言，而另一位主要角色则第一次在现代世界中直言不讳地说了“人生而平等”。[6]书的内容着重强调知识、警示和雄辩力，直到现在这些品质依然能在社会活动中有效发挥作用。《十日谈》是第一部人文主义文学作品，其创作采取的视角源自布鲁内托介绍给佛罗伦萨的人文主义。随后的数年，人文主义思想学说在无数不同的形式中被反复阐述，并最终影响了托马斯·杰斐逊的思想。

类似的改革思想同样出现在文艺复兴时期的艺术、哲学和科学领域。1440 年左右，多纳泰罗［Donatello］创作的自古代异教以后第一件自由直立的裸体雕像［《大卫》］出现在了欧洲。他的这一创作掀起了欧洲艺术运动，裸体造型出现在多处游览胜地，并保证观看者们鉴赏的权利。正如我们所了解的，乔尔乔·瓦萨里主张艺术本身是一项英雄式的活动，尤其是那些已经超越现实表现而进入奇妙及创新世界的艺术。德西德里乌斯·伊拉斯谟［Desiderius Erasmus］将多样化的主题［再次的"丰裕"］引入了思想的历史。尼古拉·马基亚维利则在他的《演说术》中推动市民解放，并在《君主论》［1513］中不加掩饰地创造了政治领域中的现代理念。巴尔达萨雷·卡斯蒂廖内的《侍臣论》［1528］则为人们提供了在这样一种"竞技场"中所必需的技能模板。蒙田确立了自我探寻在追求知识的过程中重要的位置。弗兰西斯·培根在很大程度上，奠定了现代科学的基本原则。所有这些成就都极大地提高了人类进行表达和探询的视野，并为自由的现代理念打下了基础。

17 世纪中期，自由的其他重要组成部分出现了。蒙田的朋友埃蒂安·德拉博埃蒂［Etienne de la Boetie］在他的《论自愿为奴》［*Discourse on Voluntary Servitude*］中宣称所有人生而自由，并为有关公民权利的现代概念铺就了基础。政治家威廉一世则开始拥护宗教宽容。约翰·弥尔顿［John Milton］为实现自由演讲写下了大胆的辩护言辞《论出版自由》，同辈的罗杰·威廉姆斯［Roger Williams］则是宗教自由的有力倡导者。本尼迪克特·斯宾诺莎［Benedict Spinoza］将自由民主的理论编入了自己划时代的学说《伦理学》。摩拉维亚人扬·阿姆斯·夸美纽斯［Jan Amos Comenius］被誉为“国家的老师”，他所提倡的普及教育和终身学习又进一步推动了民主自由思想的形成。

集合并支持所有这些思想的是一种基于财富的文化。这并不意味着自由思想的创始者都是些非常富有的人，只是他们得到的支持往往来自于相对富裕的社会。自由与财富之间的这种关系基于两个根本经济原则。首先，自由法则为发明、制造、贸易以及相应的财富提供支持。其二，从船运业巨头到小小的地主，这些富豪们都希望自己的财产得到保护，而这种愿望则孕育了保障个人自由的法律。

到了18世纪，杰斐逊、麦迪逊和他们的同僚便拥有了复杂并相互协调的人文主义传统作为工作的基础。在制定法律条文、设计政府职责中都体现了这样的传统，并且有可能的话，在极大程度上保障自由。这样的人文主义还让他们得以传承自己的文化。鉴于理性思想、创造力、审美、对自然的热爱，以及对个人权益的尊重无法编入法律条文，创始者们便通过教育系统的建立继续传授这些思想，并以此创造出整体文化氛围，让人们更为熟悉这些思想。

我们相信当时这些杰出人士已经尽一切努力做到最好，但是他们却因为一个关键的问题停滞不前，那就是如何维护一个共和体不受其自身产生的财富侵蚀。

正如杰斐逊自己意识到的，自由思想的发展进程或许会很缓慢。它仍然需要那些富有勇气的领导者，如弗雷德里克·道格拉斯[1]、亚伯拉罕·林肯、苏珊·布朗奈尔·安东尼[2]、西蒙娜·德·波伏娃[3]、马丁·路德·金和林登·约翰逊[4]，由他们将人类平等的约定加入法律。在威廉·詹姆斯和约翰·杜威[5]的实用主义哲学中，在沃尔特·惠特曼［Walt Whitman］创造的自由体诗歌中，在西奥多·罗斯福和约翰·缪尔[6]为了保护环境制定的政策中，自由找到了坚实的理论基础。到今天为止，自由模式中只有一个重要的组成部分未能达到巅峰：杰斐逊提议的自由教育。

教授传达自由思想是非常必要的，因为从根本上来说，自由拥有两个基本维度：一个是法律和社会维度，还有一个则存在于人们的思想中。关于自由的教育，必须充分专注于对公民所拥有的自由度，并给予高度评价，让他们对于自由社会中的内在问题保持敏锐的觉察力。教育必须赋予年轻人某种精神设计，让他们能够通过自身的独立思考再创一个自由的社会。他们必须通过学习了解自由的

[1] Frederick Douglass [1817—1895]：19 世纪美国废奴运动领袖，杰出的演说家、作家、人道主义者和政治活动家。

[2] Susan Brownnell Anthony [1820—1906]：著名的美国民权运动领袖，在 19 世纪美国女性争取投票权的运动中扮演重要角色。

[3] Simone de Beauvoir [1908—1986]：法国著名存在主义作家，女权运动的创始人之一，20 世纪法国最有影响力的女性之一。代表作《第二性》。

[4] Lyndon Johnson [1908—1973]：美国第 36 任总统。在任期间，推行“伟大的社会”计划。

[5] John Dewey [1859—1952]：美国哲学家、教育家，实用主义的集大成者。主要著作有《哲学之改造》《民主与教育》等。

[6] John Muir[1838—1914]：早期环保运动的领袖。创建了美国最重要的环保组织塞拉俱乐部 [the Sierra Club]，主要著作有《约翰·缪尔的荒野世界》《我的童年和青年时期的故事》等。

益处，以及为了自由必须付出的代价。他们必须认识到自己在历史中、在这样的国家共同体中究竟处于什么位置。他们必须预见到将来在社会中担任的职责。最后同样重要的是，他们必须能够辨别真理和谎言。

在这个重要的任务上，美国教育学家是失败的，而可悲的是，他们对自己的失败仍然一无所知。[7]

美国式的自由是否能够在美国永久持续呢？

依据美国现在的模式所出现的问题，我们可以确定美国式的自由是不可持续的，因为并没有任何迹象显示，它正在被维持。连着两次的总统选举［2000、2004］，让我们怀疑一个国家如果连公平选举都做不到还能妄称自由吗？又或者当这个国家的人力物资被强征用来发动一场带有殖民意味的错误战争时，当对内对外的政策实质被巨大利润所掌控时，这个国家真的能称为自由国家吗？错了，我们并没有获得完全的自由，我们的自由只够我们管好自己的个人事务罢了。

为了辨明这种失败的自由，我们需要回溯到本章开始我便曾提到的症结：为了财富和安全，民主国家的人们倾向于贬低自由的价值。我们应该还记得前三个连任两期的总统之所以一再当选，主要是受金钱支配。里根经济政策［Reaganomics，1980—1988］经由老布什保持，被克林顿修改［“这是经济，笨蛋！”（It’s the economy, stupid.）1992—2000]，并最终由小布什加强。我们也应该记得最后一位为了推动美国式自由的发展而勇敢反抗金钱利益的总统是西奥多·罗斯福。

当权者对财富的持续关注使得金钱利益在政府事务中占据至关重要的位置。特别是小布什任期内，大资金对政治决策的影响日益扩大，其中包括管理机构、司法部门、外交事务甚至国家领袖自身。美国左派则放弃向执政党施压以寻求突破性的改变，转而收买中间派使其妥协。

如今讨论得热火朝天的游说改革便是最好的例证。根据美国的游说制度，大量资金经法律允许被投入到选举中，比如选举演讲，民主政治则在这种交换中获得些慈悲的补偿。最终像是噩梦一般，在小布什任职期间，发生了“K街项目”[the K Street Project]。这一竞选利益分配系统，由汤姆·迪雷[Tom DeLay]、杰克·阿布拉莫夫[Jack Abramoff]和其他一些权要维持，在丑闻曝光前，他们始终坚持创建一个周旋于公司、说客和共和党派人士之间的自我延续的回馈循环。然而，主流媒体对于这样一种共谋的反应却是非比寻常的温和。2006年，《纽约时报》的一篇报道题为《继续吧，试着终结K街吧》[“Go Ahead, Try to Stop K street”]，本身就显得有些讽刺。而根据这篇报道的作者托德·S. 珀德姆[Todd S.Purdum]，以及自由主义者众议员巴尼·弗兰克[Barney Frank]和参议员黛安娜·范斯坦[Dianne Feinstein]的说法，“占领K街项目”并非系统破败的征兆，只不过是一次正常的商业偏差。

再来看看拥护自由政策的组织，他们的观点大致相同。2007

年，同道会用了整整一页的篇章来支持竞选财政改革，其中包括来自于中间派人士卢·多布斯［Lou Dobbs］的言论：“我所得到的结论是要让那些特殊利益权势彻底消失，并让全民和国家利益在华盛顿政府得以体现，唯一的办法就是对所有选举实施完全的公共财政政策。”[8]说得好极了！多布斯先生！选举财政改革尽管是人们翘首以盼的，但依然势单力薄，为时已晚。那些说客的触角实际上已经超越选举延伸到更广泛的方面。比如说，石油大亨在2006年便出资850万美元支持候选人，而阿布拉莫夫和他的公司则为了他们的赌场生意花费了约十倍的资金。游说制度本身已经像商业一般稀松平常、广泛遍布。参议员、众议员和其他显要人物日复一日接受他们的“供奉”。通常，合作良好的政府官员，在卸任后会被这些大公司高薪聘请，而作为回报，他们会为了新雇主赶回首府，在以前的人际关系网中斡旋。

正如K街其他传统，在华盛顿首府内工作与“经营”华盛顿有着相同完美的合法性，而这恰恰是瑕疵所在。当那些说客们做着并说着完全合法的事时，实际上他们正在破坏公共部门的廉正并使我们的政治系统堕落成一个为了金钱、受金钱掌控、具有金钱属性的政府。

我们是否能扭转这样的局势呢？尊重多布斯意见的同时，我认为对游说制度进行改革的唯一有效的方法是将他们彻底击溃。从法律上，反对游说的条文应该重新启动。他们存在的前提在于他们是自由演说的一种形式。但是，如果说巨额资金是一种自由演说的话，那为什么枪支炮弹不是呢？而且，为什么越是资金雄厚的公司就越能够比其他的个人拥有更多的自由进行演说呢？［举例来说，轻松自如地与议员的接触。］再退一步说，如果对我们的警察、法官和陪审员进行游说不是违法的，那么谁来执行我们的法律呢？那么为什么对那些制定法律的人进行游说却是合法的呢？当下形态的游说已经是赤裸裸的行贿，并受到愚蠢利己的法律保护，令人厌恶。

彻底击溃游说的这项任务的确充满困难，但也并非完全不可能。我们不能希冀向国会寻求帮助，因为大部分国会议员已经妥协。另外，我们也不需要制定或修改法律条文来解决这个问题。司法部门应当担起这个责任。因为它曾经成功地对烟草公司巨头以“敲诈”罪名进行判罚，它完全有能力想出一些适当的罪名对那些整天在联邦政府和州政府旁晃悠，用金钱影响立法的奉承者们，施加处罚。

对非西方国家而言是否存在其他版本的自由呢？

对于自由的预期，以及获得自由的机制在亚洲那些“全球化”国家中体现得最为明显。全球化也是一种民主化进程。不出意外，恰恰是巨额资金——这个杰斐逊式自由在美国遇到的棘手难题——推动了工业化国家的民主进程。像泰国和中国都需要大产业，而大产业只有在小政府的环境中才能繁荣发展。目前行之有效的小政府是民主政府。遍游各地的全球化专家托马斯·弗里德曼［Thomas Friedman］，曾经提到一位泰国房地产发展商西瓦里

[Sirivat Voravetvuthikun] 的话，他在房地产公司破产后开了一家三明治店:“那些主义一个个都破灭了，现在只有资本主义了。我们不想回到丛林，我们都希望更好地生活，我们必须做资本主义的工作，因为我们别无选择，我们必须提高自己跟上世界规则……适者生存。”[9]

中国正在对基础建设进行民主化改革以刺激经济增长。为此，也鼓励经济力量的改变:“今天的中国面临一个现代性的两难局面……政治掌控依赖于经济发展，而经济发展急需信息技术的现代化，这反过来却对政治控制具有潜在的破坏力。”[10]

全球化成为自由化进程的最引人注目的例子也许就是中国台湾了，台湾与祖国大陆保持良好的贸易往来并保持自身经济活跃。台湾地区的一位前任领导人期许未来的台湾地区拥有民主、高科技和环保:

> 当务之急便是稳固加强我们的民主体制……我相信人类有权同时享受自然环境的美好以及高科技的便利；我并不认为这两者之间会有任何冲突。因此，伴随着环境破坏的高速工业化发展必须是暂时性的。我相信现在已经是时候跨越这样的冲突，在获得环境协调的同时发展科技……我对于绿色山谷的蓝图必须拓展到整个台湾岛，基于目前为止台湾在硅片和计算机高科技行业取得的成就和资源，我希望在下个千禧年台湾会成为一个真正的绿色硅岛。

将绿色山谷作为自己的愿景与中国传统文化中对自然的热爱遥相呼应，这绝非偶然。民主或许无法实现国家的现代化，但它能让那些地方的人有充分的余地赞誉自己的文化根源。

巨额资金能够推动民主的另外一个原因在于，主要城市的经济发展改变了人口结构。原本只有老板和工人关系的国家，渐渐开始出现工程师、管理者、销售员、律师和金融专家。这些高薪专业人员和他们的家庭对更优质服务的需求推动了市场发展，比如他们需要更好的医疗和教育服务，于是医生和教授加入，使中产阶级的队伍更加壮大。增长的财富就像是打开了市场的防洪闸，耐用品、电器用品、娱乐、旅行，以及艺术等等都开始涌入。对于更多信息的要求则腐蚀了阻碍言论自由的屏障。富裕且有学识的公民出现了，他们开始要求担任政治角色以决定自身的命运。自由的原材料已经全部集齐，它已准备好接受思想的印记。

在亚洲国家出现的自由制度应该与美国的民主有许多共通之处，但它们能从美国的错误中汲取教训做得更好。我们很容易就能明白商业的发展和经济繁荣如何发动一场民主革命。只有充满智慧的立法和良好的教育能控制住钱袋，不让它把民主拽下来。正在发展中的民主国家必须学习并且比美国学得更好，让国家始终保持自由企业的精神，同时还要防止巨头行业的垄断野心。

但是，美国又如何呢？那些关于自由的伟大的知识设计，经由创始者们传授给我们，难道就这样失去它的生命力了吗？飘扬着星条旗的土地是否还拥有自由和勇气？我们只能等待并不断追问。总统贝拉克·奥巴马［Barack Obama］的执政在2009年我写这篇文章的时候还没有完全启动，但已经开始将注意力转向前任任期内的失误，并对公司进行监管。类似的监管计划也出现在金融市场。经历了过度的企业自由以及自我放纵并几乎摧毁自己之后，终于开始治疗伤口并包扎好以面对未来。但是对全国而言，教育依然是个巨大的陨石坑。现在，美国欠缺的是制造各种形象的能力，其中最严重的则是领袖人物的缺乏，而导致这种缺乏的最简单直接的原因便在于我们学校的课程设置中没有政治素养这一环。尽管学校和学院能从奥巴马的激励中有所获益，但是观念的转变要比金钱更为亟需。我们必须让下一代人生长在自由的文化中，不仅仅要让他们了解历史，更要让他们在生活的当下理解自由。当今世界没有比这更紧要的问题，也没有比这个更需要教育介入解决的了。

［作者注］

引语：

Thomas Jefferson，致 George Logan 的信，1816；Thomas Jefferson，致 Mann Page 的信，1795。

1 Gaston Wiet, *Baghdad: Metropolis of the Abbasid Caliphate* (Norman: University of Oklahoma Press, 1971), 5.

2 Abu Yousuf Yaqub ibn Ishaq al-Kindi, *On First Philosophy*, II.4，编译 Alfred L. Ivry。PDF 格式文档 *AL-Kindi's Metaphysics: A Translation of Ya'qūb ibn Ishāq al-Kindī Treatose "On First Philosophy"*，由 Alfred L. Ivry 导读评论（Albany: State University of New York，1974），http://www.muslimphilosophy.com/kindi/index.html.。

3 关于阿巴斯王国时期，哲学思想与宗教信仰之间的冲突，可参见 Ira M. Lapidus 撰写的 *A History of Islamic Societies* 第二版（Cambridge: Cambridge University Press，2002），第 77—80 页。关于宗教对王朝的抵抗以及世俗权威的逐渐衰退，见第 6—8 章。根据 Lapidus 的论述："王朝建立的伊斯兰文明具有先天的缺陷。尽管国王被视为先知的宗教权威和领导地位的继承者，却在实际上并未继承穆罕穆德的先知使命"（第 81 页）。Lapidus 证实作为伊斯兰文化中心的宗教情感对自由思想和世俗政治产生了至关重要的终极影响。

4 Dante 在 *Inferno* 第 4 篇中对 Aristotle 和 Averroes 给予了高度评价。"我再抬头看得远些，则看见一个大师（亚里士多德）坐在哲学家的队里：大家望着他，大家尊敬他；这里我看见苏格拉底和柏拉图，他二人最靠近大师；德谟克利特，他说宇宙是偶然的结果；狄奥格尼斯，阿纳克萨哥拉和泰勒斯，恩沛多克勒斯，赫拉克利图，和芝诺；我又看见一个善于观察物性的，他就是狄奥斯科利德；我又看见奥尔甫斯，图留斯，利努斯和伦理家赛内加；几何家欧几里得和托勒密；希波格拉底，阿维森纳和嘉伦；阿威罗厄斯大注释家，他为伟大的哲学家亚里士多德做了注释。" *The Inferno of Dante Alighieri*，译者 Seth Zimmerman（Bloomington, IN: iUniverse，2003），第 26 页。Dante 对 Brunetto 的敬仰，见第 15 篇。

5 早在 1312 年 Libertas（自由）一词便成为了佛罗伦萨公共政策的主题，那是这座城市希望从亨利七世，神圣罗马帝国国王的统治中解脱并获得独立。

6 在古代，人类平等的思想最早由雄辩家 Alcidamas 提出，而后被希腊斯多葛学派接纳，并传承至 Cicero，写入 *On the Laws* 中。尽管这个想法所包含的意味从未被完全实现，但可以说，它为斯巴达克斯起义的发生提供了基础。（斯巴达克斯起义，前 73—前 71 年）。

7 关于这个问题，参见 Robert Grudin, *American Vulgar*（Emeryville: Shoemaker and Hoard，2006），第 5 章。

8 Lou Dobbs 在 CNN 节目 *Lou Dobbs Tonight* 2006 年 11 月 1 日期中发表的演说，被引用于"Money in Politics"："公共财政赢得社论支持"，可参见同道会官网：http://www.commoncause.org/site/pp.asp?c=dkLNKiMQIwG&b=4773897.，也可参见 Dobbs，*War on the Middle Class: How the Government, Big Business, and Special Interest Groups Are Waging War on the American Dream and How to Fight Back*（New York: Viking，2006），第 201 页。

9 Thomas Friedman, *The Lexus and the olive Tree: Understanding Globalization*(New York: Farrar,Straus and Giroux, 1999),100.

10 Greg Walton, *China's Golden Shield: Corporations and the Development of Surveillance Technology in the People's Republic of China*(Montreal: Rights and Demoncracy, 2001),5.

13 公司再设计和知识经营

所有经营都始于一个想法。启动、发展、稳定，直至最终的成功，都取决于创新和不间断的富有想象力的想法……对经营而言，最当务之急的是经营想法。

——杰瑞·赫什伯格［Jerry Hirshberg］

如果你有一个苹果，我也有一个苹果，我们互相交换，结果是我们依然各有一个苹果。但是如果你有一种思想，我也有一种思想，我们彼此交换，结果是我们会各有两种思想。

——萧伯纳［George Bernard Shaw］

让我们回到知识设计这个概念，我曾经在杰斐逊和布鲁内托·拉蒂尼的事例中使用过。用比喻的方式来说，整个宇宙便是一项知识设计，通过原子和光线形成一种结构或另外一种，告诉物质如何反应，又或者在另一个层面，DNA 分子告诉细胞如何生长。

以一种大致相同的方式，人类能动性会根据各种目的设计知识系统，包括自我分析和自我更新。在这个前提下，我们可以思考知识设计对于公司这一我们经济最核心的机构可能产生的影响力。

2000 年 9 月，我飞往洛杉矶参加一家重要的高科技公司的开业庆典。这里所谓的“重要”，指的是我们的 CEO 当时正谈论着数十亿美元的种子基金。拥有这批资金的是一名公司总裁，他的公司与其他很多公司一样，在泡沫经济中急速发展，但在下一年将不得不面临泡沫经济破灭的结果。不过，那年秋天，他依然可以趾高气扬。那时我们只是单纯地想着，剩下唯一的问题便是他何时会收购，以及花多少钱。

收购并未发生。问题出在哪里有各种各样的解释，但最根本的问题来自于那位总裁和我们的 CEO 之间的沟通不畅。数月间，那家公司便四分五裂，公司喧闹的走廊从此静寂无声。

然而，之前那些幸福的时光正是我想要谈谈的。那些日子里，一旦拥有好的科技和种子基金，还有随之而来的更多资金，我们就可以梦想一些不切实际的事情。作为公司的顾问，我自告奋勇写下了公司的哲学。如下所述：

1. 通过支持研究调查、创造新的应用、给予信息公平的披露，公司能够成为新知识的源泉，体现知识水平并赋予自身意义，这在 21 世纪经济中具有核心价值。相反，如果遏制研究调查、顽固执守于既有的市场渠道、机密信息概不外泄，那他们就无法提供新知识，并忽视了当代经济中的信息本质。

2. 通过积累资产、建构未来、吸引长期投资并定期支付薪水，公司能够使社会财富稳定。相反，公司则会因为资产剥离、赚取短期利益，以及拖欠工人工资，而造成社会财富的不安定。

3. 公司能够在竞争性市场中，不断制造多样化的创新和发明，以此复兴经济。相反，他们也可以实施垄断专制或阴谋欺诈的策略，剥夺经济再生的多样性。

4. 公司能够通过创造那些强化社会意识、具有教育意义、富有挑战性、提升交流又增强独立性格的产品来使消费者更强大。相反地，他们也有可能削弱消费者的个人力量，因为他们生产的产品会让人上瘾、产生依存感、引发放纵行为、迎合大众、带有欺骗性，会从中获得明显的特权或者因包装而定制为高价。

5. 通过设定自己的社会使命，成为当地社区稳定且有责任感的一员，积极参与当下的社会议题，在公司内部建立慈善事业相关的部门，例如教导、教育和慈善，这样公司能够有益于社会福利。相反，公司会因为对这些活动的忽视以及对利益的一味追求，而对社会福利造成损害。

6. 如果意识到公司既是办公场所同时又是生活空间，并且它们的价值和使命会通过公司的建筑、时间管理、职业语言、交流能力、工作伦理、庆典活动、外联活动、领导才能、公司推广及招聘等各个方面被表达，公司便能够创建自身的文化氛围。相反，一旦公司忽略这些因素，便会出现一个文化沙漠，身在其中的人不会沟通交流、勤奋工作或者获得安全感。

7. 通过将社会引导向富有生产力的新工作，并提供卓有成效的行政管理模板，公司可以锻炼领导能力。相反，那些忽视公司内部领导的潜力或者提供负面领导示范的公司则只会让社会停滞不前。

8. 通过生产那些将人们引导向和平、健康、安全的产品，公司能够辅助维护世界秩序。更甚者，因为任何形式的赋权事实上都潜藏着导致危险的因素，所以那些生产产品时使其拥有控制和约束因素的公司能够保护社会。而相反，那些向所有人提供原始及不加考虑的力量的公司将使社会面临危险。

我在编写这个公司哲学时的想法完全基于与公司 CEO 交流时的感受。他使我相信他们公司将开始一场新的革命，即在追求高利润的同时兼顾公共福利。我找不到任何理由去解释为什么一个将要获得数亿美元资金的公司不能同时为保护环境做出贡献，不能让自身维持更高的伦理标准，不能使它的员工和整个世界获得多样的利益。

根据这本书所设定的标准，这样的公司将会向它的客户和员工，甚至是全社会“揭示真理”。

CEO 读完我写的公司哲学，并且意识到整篇公司哲学都在不断地强调公司在道德层面应承担的使命时，回复我说这将使他在运营公司过程中束手束脚，失去充分的自由。2001 年在硅谷举行的前瞻研究所研讨会中，当我坐在一群高科技企业主面前，他们向我表达了类似的想法。他们宣称，自由市场造就了自身的运行模式。我回应他们，道德蕴含在所有人类活动中，忽视道德的存在，后果堪忧。

市场道德

按照艾伦·格林斯潘[1]与安·兰德[2]的观察，在1990年代末期到本世纪初的这段时期，市场创造了道德秩序，因此消除了管理者们的道德责任感，这种现象弥漫了多个高科技创业公司的政策和战略。在完全没有设计的情况下，公司便开始发展，并遵从所谓“会叫的轮子”“即触停车”“放手去做”“冲向海边”等原则。这种不负责任、无序的公司发展造成的后果包括倾斜性的沟通和自相矛盾的领导管理，而这些又导致了更广泛的误解、普遍的不诚实以及不断出现的奇怪事件。对于微软［Microsoft］和安然［Enron］这样的大型公司而言，市场主导的道德给他们招惹了巨大的灾难。很快地，那些无序地进行发展并缺乏自我监管的公司便开始自食其果。市场最终还是为他们建立了秩序，不过这绝不是他们所想象的，也不是他们所企盼的市场秩序罢了。

这一系列事件提出了一些问题：我们如何才能让公司自我约束？如果改变公司结构，我们是否能期盼一个更健全、更可靠的市场呢？有没有可能对公司进行设计呢？

不过，在解决这些问题前，我们首先必须重新思考公司究竟是

[1] Alan Greenspan [1926—]：经济学家，美国第13任联邦储备委员会主席，被称为全球的“经济沙皇”“美元总统”。

[2] Ayn Rand [1905—1982]：俄裔美国哲学家、小说家。她的哲学理论和小说开创了客观主义哲学运动，强调个人主义的概念、理性的利己主义和彻底放纵的市场经济。代表作有《源泉》《阿特拉斯耸耸肩》等。

什么这个问题。无论他们生产的产品或提供的服务多么纷繁复杂、眼花缭乱，在本质上是类似的。基本上，公司就是一套办公室和一群西装革履的职员。那么这些职员主要干什么呢？他们处理知识，从外部世界或者相互之间获取知识。他们解释知识、讨论知识、生产知识、买卖知识。我们可以用粗符合率的方式思考，本质上来说，生意就是知识生意。

经济学家弗里德里希·哈耶克在 1945 年提出了经济学的知识中心论。哈耶克的理论，使关于公司管理的论述形成了一个新兴领域，即知识管理。我们尽可能正确地对哈耶克的理论进行解读，可以得到如下延伸：如果公司本质上是以知识为基础的，那么无论它提供的是产品还是服务，都是知识模块。这些产品不仅仅表现了在生产过程中被纳入的知识，同时也会提升或者加强使用者关于世界的知识。让我们看看如何用知识中心论的理论来对公司进行重新评价。

知识管理和传播

"信息时代"一词用来预见高科技电子手段在生产、传播、保存信息方面的快速发展。但是，信息还不是知识。为了创造真正的知识，信息必须被有效地解读并传播。只有通过正确的理解和传播，知识才能被应用于价值的创造。

任何人只要很好地理解并传播了知识，都会至少从直觉上意识到，知识是以两种不同的方式来到我们身边的，而每种方式都要求我们运用相应的两种知识管理方式。正如哈耶克所说:“今天，谁要是认为科学知识不是全部知识的概括，简直就是异端邪说。但是稍加思索就会知道，当然还存在许多非常重要但未组织起来的知识，即有关特定时间和地点的知识，它们在一般意义上甚至不可能称为科学知识，但正是在这方面，每个人实际上都对其他人来说具有某种优势，因为每个人都掌握着可以利用的独一无二的信息，而基于这种信息的决策只能由每个个人做出，或通过他的积极参与，这种信息才能被利用。”[1]

哈耶克在这里再次回顾了由巴门尼德[1]和柏拉图提出的哲学概念，来自于他们所谈论的“一”和“多”的问题。哈耶克关于科学知识的概念可以与“一”相对应，即它是固定的、可论证的、抽象的。而他关于“特定时间和空间中的知识”的定义则与“多”相类似，即不可捉摸的、个人的、多变的。第二种形式的知识在迈克尔·波兰尼[2]关于学徒的理论中被提及:“你跟随你的师父是因为你相信他的做事方式，即便你根本无法分析或者衡量它们的有效性。通过观察师父并效仿他在制作样板时付出的努力，学徒无意识地学会了工艺的规则，包括那些连师父本人都不是很清晰的部分。这种隐性规则只能被这样一个臣服于他人并毫无辨别地进行模仿的人所

[1] Parmenides [约前 515—前 5 世纪中叶以后]：古希腊哲学家，前苏格拉底哲学家中最有代表性的人物之一。代表作《论自然》。

[2] Michael Polanyi [1891—1976]：英籍犹太裔物理化学家和哲学家。主要著作有《个人知识》《社会、经济和哲学》等。

吸收。”[2]

作为一家公司，如何能做到兼顾两种类型的知识呢？他们可以建立一套双重的知识管理体系。科学知识可以如以往一般进行组织，即通过一个中心知识库进行传播；非科学知识则通过建立人与人之间的联系进行传输教育，包括个别辅导制、举行宴会和讨论会、师徒制以及实习生制度。科学知识通过科学符号和严谨的分析进行传播，而非科学知识则通过叙述、幽默和榜样得以传播。

如果一家公司希望真正的力量更多在于它的传播渠道而不是硬件或软件，那么可以参考以下策略：

> 空间设计会激励思想的自由流动。
>
> 走廊要靠窗，办公室内要有对话的空间。
>
> 私人办公室不仅要连接到走廊，还要连通到院子里。
>
> 上层管理保持透明度。上层管理要确定基本原则，即尊重员工的智慧、积极承担责任、引入披露信息的政策，并对所有信息沟通保持开放。
>
> 不间断的会议应在会议室里举行，其他方式的交流则通过网络。
>
> 利用休息室或迷你休息角落开启新的不同层面的对话。
>
> 校园风格的办公配置［图书馆、健身房、意式咖啡吧、咖啡厅、餐厅等等］，以便随时建立并持续新的传播网络。
>
> 与外部世界保持沟通，由一个单独的办公部门进行协调。

这些策略不太可能从现有的状况慢慢演变发展而来。最好能一次性完成所有的工作，就好像有一个新上任的CEO要来一样。

当这些考虑都被忽视的时候会发生什么呢？也就是说，当高级管理人员没能认清知识的中心性，将会上演一出错误的喜剧，并以赤字和倒闭收场。我把我做过咨询的两个不太好的案例写成小说体，它们或多或少可以作为例证：

我曾经去到美国东部的一座城市为一家著名的基金会做简报，我把它取名为“大把钱基金会”[Bunch of Money Institute]。我带着些许惶恐登上了飞机，因为我实际上收到两封不同的邀请函，一封是官方的，另一封则是秘密的。官方的那封邀请函还附带了支付费用的保证，由基金会的会长发出；而另一封则伴随着对我的要求，前任会长要求我好好观察整个秘书部门。她从一个间谍处得知我已经在路上了。她希望我向她汇报在拜访过程中的所见所闻。结果，我的所见所闻还真是让人痛苦不堪。“大把钱基金会”的工作人员处理的都是些关系到美国未来的关键知识，但他们却残忍地被困在一个小小的，闷热、狭窄、互相阻隔的办公室内。这个公司对于健康沟通的无视还体现在根本就没有一个独立的会议室。基金会会长在政府官员和外交宴会间疲于奔命，完全置工作人员于不顾。那些工作人员告诉我，基金会已经四分五裂，各自为政。

这样的情况经常在不尊重知识的机构中发生，而一旦继续发展下去，他们便会不断地削弱那些为达成机构使命所付出的努力。这种失败也会发生在那些墨守成规、自上而下的公司结构中。他们在这里就像是在一个小型的创业公司一般，所有人员待在一个房间里。这里，不良传播倒成了无知领导的某项功能：最高执行长官和最高运营长官能够借此聚集他们所需的信息，却抑制了同僚之间的丰富交流。讽刺的是，这些管理人员经常无法从外部或低一级的人员处获得信息。相反，他们仍然努力维护自己的公关，紧抓不放短期利益，并不断改善他们的控制机制。

曾经有一位这样的CEO，我称他为“卡斯特·石膏板”[Custer Drywall]，他在新世纪初创立了一家软件公司，会时不时地让我做些顾问工作。当我告诉他我已经想出一套方法让他的公司能够加强信息流控制，以每年节省上万美元的开支时，他一点都不关心我的办法是什么，而是让我直接跟他的秘书说。卡斯特对他的运营同僚们完全封锁重要信息，却转而抱怨他们无知。他与投资者之间也没处理好关系，以至于6个月后公司就宣告破产，许多股东还不知道他们的钱就这样消失了。

卡斯特就是一个知识的黑洞。首先，他缺乏必要的沟通技巧去传达一个理念或者让人理解他的观点。其次，就算他拥有足够的技巧，他也没有丝毫欲望与任何人沟通任何事。最后，就算他同时拥有沟通技巧和沟通的愿望，他却没有相应的知识去沟通！21世纪初，这种对于知识处理的匮乏已经让很多大大小小的公司走向灭亡，而这样的失败还将持续，除非公司政策能够改善并跟上这个知识驱动的市场。

知识即权威

在以知识为根基的经济中，有知识的人应被尊重，无关他们的资历。一个灵活的管理结构便成了先决条件，它要足够灵活，能让一个拥有道德权威的初级职工也可以负责某天的议程。这同样意味着，知识是通往成功的唯一可靠方法，这已经成为生活的前提。从路特斯［Lotus］的广告摘录中，我们可以看到知识在公司价值体系中的珍贵性："只有道德管理人力和金钱。你只要负责知识。当你为你的全球公司找到最佳人选，这便是电子商务的知识管理。当你公司的最佳方案只需要再点几下鼠标，这便是电子商务的知识管理。当你可以瞬间带走这一切，这是电子商务的知识管理。你如何做到？超级·人类·软件会让电子商务中的人们一起工作。"[3]

知识力不仅可以通过奖励和推广进一步提高，也可以通过设置公司章程，并以资格认证的形式得到提升。

一位知识密集型的 CEO

以知识为核心的公司 CEO，不应只会对知识力进行奖励，同时还应该是公司中拥有最丰富知识的人选。只有全面的知识能让他对公司目标进行优先任务管理，并将某一方面的问题通过他的理解、转化，传达给整个公司。这种转化的职责显示出领导才能中的另一项天赋，即 CEO 必须是一个阐明知识的专家，他要将实际的问题和任务，从一个专业领域传达给另一个。我们已经一次又一次听到

CEO 们应该是优秀的沟通者。现在让我们来确定他们确实有东西需要沟通。

首席知识官

知识在商业运作中的出色表现提示我们，如果一家公司雇佣一位首席知识官［CKO］并赋予他副总裁的地位，他将为公司带来很好的效益。这位 CKO 将掌握最新的知识管理方式，促进并监督公司内部的信息流动状况，协调整合与外部世界［包括从学院到广告等各个层面］的各种知识交换。知识部门的职责包括编排及维护公司图书馆的藏书，设置公司课程，以及邀请客座讲师举办讲座。最重要的是，首席知识官要协助首席执行官，建立并秉持以知识为基础的公司文化价值。首席知识官将在必要时提醒他的同僚们，一个公司的内在价值维系于它给整个世界带去的益处。首席知识官会让公司良知在各方面保持活力并发挥效用。最后，与首席执行官一起，首席知识官将主导公司文化，其中最有价值的知识则以思想的方式体现。

公司意识

一家年轻的化学品公司曾经向我咨询，如何向一家大型医药公司推广他们的新产品。我拿起电话，辗转于几位接线员，向他们说明我的用意，几个小时后我终于跟这家大公司的研发人员通上了话。我们友好地交谈，但是我这次电话“游说”所隐含的信息却意味深长：当你试图推广自己的研发成果时，另一家公司的研发部门绝对是最不适合的对象。对他们的员工而言，你的成果只能是对他们安定工作的威胁。但是，在这个章节，我们将设计另外一种类型的公司：它对于知识的优先重视如此彻底，甚至能够建立起某种形式的集体意识。这种意识让公司能够更有效地在内部或外部进行知识处理，并能够对公司外部的那些关系到公司策略的社会议题提供见解。通过这种观点的提出，公司可以获得最有价值的知识，即自我认知。这将使它能够处于市场中最健全的部分，并让公司在面对外来或内部的弊端时免受其害。

这里所论述的策略是为了能够在21世纪，为公司设计开启一个全新的视角。创立一家以知识为核心的公司便意味着将这家公司置于一个道德宇宙，在这个环境中，任何一个经济分支的行为都会影响整个市场的健康状况。“清醒”的公司有能力辨识什么样的政策将稳固并繁荣市场，由此产生的明智规划也许在短期内不会有较高收益，却能获得长期发展。而另一方面，市场决定型的伦理则会导致追随者实施机会主义或掠夺式的策略，毋庸置疑，这将会在以知识为本的文化中，成为“开启麻烦的钥匙”。

关于谷歌的附言

所有这些都让我们得以用一种新的视角看待 Google.com 的现

象。谷歌是一个巨大的知识商店、智力商业中心，它的顾客可以免费进入并获得商品。然而，谷歌绝不仅仅分发知识，事实上，它还对知识进行组织、提高、提炼、修饰、阐释、强化以及调动流通等等——这些才是它的实质性工作。谷歌比任何其他同类型的搜索引擎都更为全面，比那些骄傲的大学更具适用性，它实现的是知识本身的内在属性，它不再仅仅被当做人类财富的来源，而是所有财富的最基本的形式。由此，谷歌触碰到了市场变革的关键部分。它在三个方面尤显特殊：市场策略、商业模式、根本目标。

谷歌的市场政策

在互联网搜索引擎出现之前，大学和书店是知识市场的主导者，他们像对待其他商品一样对待知识：销售知识，换取金钱。谷歌则选择大方并有力地赠送知识。赠送是一个市场策略，因为赠送知识会创造新的价值。这种价值来自于变得更聪慧、更具创造力的用户，来自于用户的兴奋和愉悦。它建造了一个全球规模的广场，在那里，亿万名用户在他们任何感到异常兴奋、愉悦、好奇和需求的时刻聚集在一起，价值由此产生。广告商们开始在这个广场周围开设店铺、打造商店街，并为所占的时间和空间向谷歌支付费用。

谷歌的商业模式

在搜索引擎兴起前，知识市场采用的是传统的两极商业模式：

买家与卖家之间的等价交换。这一模式还是行之有效的，尽管它无法避免两极之间的利益冲突。相反地，搜索引擎的兴起为我们带来了一种三极模式，谷歌可以说是做得最完善的。在这种模式中，用户们尽管没有直接购买产品或服务，却在追求他们自身利益和愉悦的过程中，刺激了经济发展。这个模式的成功取决于以下三个条件的达成：

用户获得的知识与他们付出的努力等值。

由此产生的商业与广告商们的投入等值。

广告和其他收入足以保证知识提供者的利润。

谷歌对这三个条件的完成度，足以让我们将这一商业模式作为后资本经济的初期阶段进行讨论。谷歌并没有从资本主义中剥取资本，恰恰相反，谷歌英雄般地对人力资本做出巨大投资，用户们的能量、知识力和主动性都是它的投资对象。整个市场的价值也随之上涨。有意无意地，将人力资本作为一种财政矢量加以强调，证明了资本主义本身可以通过改良，从安·兰德所称的“斗鸡”转化为社会变革中的积极因素。

仔细思考谷歌的三极金钱机器，我们很难忽视这些比较。谷歌的商业模式从某种程度上来说类似菲利克斯·汪克尔［Felix Wankel］那传奇般的转子发动机，用最少的运动零件驱使车辆高速行驶。从更接近人类学的视角来看，谷歌为一个创造利润的企业，启动了礼物文化［无关金钱的价值转移］的核心引擎。这一创举可以说在经济范畴内是史无前例的。礼物的力量也许更接近于自然的力量，自然给予我们的礼物包括阳光、雨水。通过赠送礼物，谷歌已经超越传统经济的世界，成为一种自然界的力量。

谷歌的根本目标

对于知识的尊重自古以来便是人性的基本标志。当市场越来越倚重科技，知识就成了经济的主要驱动力。谷歌不仅认识到知识经济的出现，更是在其中发现了价值金矿，包括直接价值和潜在价值。谷歌的天才之举，值得全世界好好学习思考：赋予价值比销售价值更能获益。谷歌宣称的目标是“对世界的所有信息进行整合，并让它们能被全人类接受并产生作用”，这个目标基于一个坚如磐石的前提，即它是革命性的。

然而，尽管在使用知识的方式上富有创造力，谷歌还远未能建立一个完整的知识循环体系。要完成这个使命，谷歌必须拓宽它的视野，将知识的社会文本纳入其中，因为人类社会对知识的运用是一个不断演进的过程。为什么这一步是必须的呢？一言以蔽之，谷歌所提供的科技知识如今控制在毫无准备的人群手中。显而易见，这群人缺乏相应的人文关怀和素养，无法将知识运用于国际事务、宏观经济、社会公正、媒介政策甚至是教育中去。由于传统的教育已经无法培育出适应于知识文化的领导，我们于是指望着像谷歌这样的超级公司能够运用它们的教育和慈善工程来填补这个空白。尽管 iTunes［苹果］和 YouTube［谷歌］已经在这方面跨出一步，在网络上播放学术演讲，但还有很多事没有完成。

谷歌也受到一系列批评，那些指责包括人们控诉它在分配知识时缺乏人道主义精神。在我看来，这说明谷歌不会让某条信息拥有凌驾于其他信息的权利，并且在一个多样化且不安定的社会形势中，它绝不会为了知识的运用，提供或限定任何的语境。每个人都应该明了——尽管美国的公司机构本身尚且不明白——如果知识是经济前沿中新的淘金沙的话，那么它必须被放置在一个道德框架内，以规范并引导它所产生的力量。如果文明规范适用于其他能量来源，比如核能量和金钱本身，那么它也应该适用于知识。谷歌和它的竞争对手应该运用它们所拥有的大量资源，让知识在一个道德的世界中得到正确使用。

［作者注］

引语：
Jerry Hirshberg, *The Creative Priority* (New York:HarperPaperbacks, 1999).

1 Friedrich Voon Hayek, “The Use of Knowledge in Society” , *American Economic*, 1945年9月，第519—30页。也可参见Peter F. Drucker, *Landmarks of Tomorrow*(New York: Harper，1959)，关于“知识工人”定义的起源。

2 Michael Polanyi, *The Tacit Dimension*(Garden City, NY: Doubleday, 1966).

3 Lotus, *New Yorker*，2000 年 3 月 6 日，第 3 页。

14　设计时间

> 每天都是一趟小小的人生：每天从睡梦中醒来就是一次小小的诞生，每个新鲜的早晨就是一段小小的青春，每次进入梦乡就是一次小小的死亡。
>
> ——亚瑟·叔本华［Arthur Schopenhauer］

我们该如何谈论时间的结构？众所周知，结构包含三个维度，而时间只占了其中一个。关于时间，我们都明白它不会徘徊曲折，因此时间的结构至多就是一条直线。然而，这样想的话，我们便会遗漏掉一个关键点。在人类认知中，我们只有通过某些限制或形式，才能知道空间和时间的存在。如果我的房间没有墙，我无法意识到空间的存在。同样，时间则是基于人类体验——包括观察、理解和情感——对它加以限制和变形，才有了形状。如果我们没有体验过运动、静止以及我们自身，我们的时间便会停滞。讨论时间的设计便是讨论如何特定且刻意地对时间做出改造的问题。时间的设计正如其他艺术或活动一样，系统地组织并管理我们的体验。

音乐是时间中的结构。聆听一段长笛独奏就像是顺着公园小径散步。欣赏一部交响乐则更像在宫殿的房间里探索。约瑟夫·海顿[Joseph Haydn]不仅创作出交响乐的标准结构，还出色地运用管弦乐编曲，创造了合拍的协奏曲结构。特别是他在第一〇一交响曲《时钟》第三乐章的小步舞曲中运用的三部曲式，用长笛独奏与整个交响乐团之间的对话，带给我们欢快的感觉。除了音乐，所有表演艺术都“设计了”我们的体验。那些能够对我们的时间进行设计并引导的艺术家，与交响乐团的指挥如出一辙。

那么，我们又该如何描述被时间设计占据的维度呢？我们可以先从“延迟”开始，它是一个与空间深度等同的维度。时间的结构将一件现成的时间艺术作品分割，使其有了开始和结束。时间的“非主墙”可以在作品中分割章节或乐章。这个“建筑”还可以用节奏的变化勾勒作品的延迟。想象一下，如果一个音乐作品由踢踏舞、华尔兹和安魂曲组成，或者让我们再回到海顿的《时钟》交响曲，这次听一下第二乐章，他在这里用了温和的时钟节奏，并伴以轻快的乐曲。这样的音乐重塑并复杂化了我们的时间，让我们感到兴奋并愉悦。

时间的第二个维度相当于空间的宽度，我们可以称之为“视角”。在一次体验的特定时刻，有多少东西会要求听众们记在脑海里呢？我之前将长笛独奏比作花园小径，而将交响乐比作宫殿，显然，与独奏相比，交响乐要求它的听众拥有更宽广的视角。对一件时间的艺术作品保持更宽广的视角，便会增加它的复杂性，并要求我们更多的注意。《哈姆雷特》扣人心弦的第一幕是一位卫兵站在宫殿墙头，孤独而恐慌。莎士比亚迅速地拓宽视角，增加了三个角色，随即用幽灵的进入，打破了这个视角。下一幕，他让全体演员塞满舞台完成了宫廷的戏码，令人印象深刻。再下一秒，马上把焦点集中到哈姆雷特一个人身上。这些激烈的视角转换锻炼着观众，时刻提醒着他们公共时间与私人时间的重要差别。

时间的第三个维度，类似于空间高度，即能量。艺术家想让我们遭遇怎样的情感挑战？它的力量又有多大呢？贝多芬，可以说是情感动力学的大师。在第五交响乐的开篇，他便用激昂的四和弦震撼了我们，而他同样可以用第六交响乐《田园》的开篇，让我们感受舒缓和愉悦的情绪。莎士比亚用《麦克白》中血腥的谋杀折磨我们，接着，喝醉的门卫那可笑的醉态又让我们放松下来。相反，他也让我们在《哈姆雷特》中因幽灵的出现而兴奋，却又马上用克劳狄斯宫廷中优雅的庆典压抑这种兴奋感。这样的突然转变会把我们对时间的感觉拉长或者缩短。

这些时间的维度从很大程度上互相牵制。艺术家不可能长时间地让作品维持在一个很快的节奏、极广的视角以及高能量的状态下，这样会让观众筋疲力尽。莎士比亚不会让那个著名的“幽灵”出现在《哈姆雷特》的每一幕。如果他这么做了，那么观众会产生“幽灵疲劳症”。特别是在音乐、剧场和电影中，优秀的艺术家们会不断调节以改变延迟、节奏、视角和能量，这样才能维持观众的注意力并提供丰富的体验。这种互相牵制的规则以后会派上用处。

体育竞赛作为时间的社会设计

体育运动，作为表演艺术的表亲，也有着它们自己经典的关于时间的协定。我用了“经典”这个词，是因为每一个体育项目，如美式橄榄球、棒球、足球、篮球和其他项目，都创造了自身的时间缩影：一个微缩的社会世界，有着绝对且普遍认可的维度。对运动员和观众而言，这些时间环绕着他们并发生着转化。有些运动［篮球、足球］通过虚构的时间点进行控制，裁判们会开始并结束这个竞赛时钟。其他的一些运动［棒球、网球］则完全不需要时钟。在后者这样的形式中，局数、盘数或其他类似的计数成了各种各样的时钟，相互衔接直到必定出现的终局。

棒球是一项混杂着焦虑和策略的运动。一名棒球选手在场上时，或许有好几分钟完全不需要活动。18 名选手中最多会有 8 名选手，有一半的时间只是坐在球员休息区等待上场击球，或者在次击球区练习挥棒。18 个人中只有 4 名球员在位置上进行比赛：双方各有一名投手和一名击球手，轮流上阵。对另外 14 个人而言，时间隧道始终存在，有时充满挑战，更多的时候就像是平民版的《等待戈多》。因此我们可以明白，棒球运动的时间结构非常接近于模仿我们自身精神生活的时间结构。很多时候我们就这样站在人生的场外等待击球，然后进场接近球，为我们是否准备好上场而困惑着。

如果说棒球模仿的是我们的人生，那么橄榄球效仿的则是艺术。不同于棒球，橄榄球有着时间设定。每次比赛的时间精确设定为一个小时，由场上裁判严格执行。如果说棒球的基本单元是投球，那么橄榄球的基本单元则是场次。11 名队员就像是舞蹈表演一般经过精心的编排站位，准备攻击，成功或失败取决于另一队 11 名进行防卫的队员，是否能破坏或抵抗他们的攻击。每一场都像是一种艺术形式，因为一场结束了，马上就会改变双方立场进行下一场。除了电视广告，节奏是稳定的，观众基本上无需等待。在各自的场地中，每个球员都要参加每一场，无论他与球的距离是远是近。不论是对球队的协调性而言，还是对对手进行反击而言，这种参与都是必要的。在我们所知的激烈运动项目中，橄榄球运动从美学和对话理论中获得力量。

简要地用时间维度对这两种运动进行比较的话，我们会发现橄榄球节奏更快且有着更宽的视角。但是从整体效果来讲，这 2/3 的优势却未必有利于橄榄球。我们可以用相互牵制的规则进行解释。通过同时强调节奏和视角，橄榄球让球员和观众两方都负荷过多的注意力。除非在录像上反复播放慢动作观察细节，否则哪怕仅仅是比赛中的单独一场，也无法让人觉察到其中的微妙之处。相反，棒球则因其简单而极富戏剧性。每个球员在击球后便在他自己的时间之窗中受到密切注意。他独自一人在空间和时间中，能够传达完整的能量和行动的紧迫性。

在继续往下论述前，我们要记住与持续相关的两个要素，它们在艺术和体育中显而易见，即疲劳和投入。橄榄球比赛中，得分领先的那支球队会在接下来的比赛中比对手跑更多场，因为对手的防守线已经疲累不堪，而且比赛的时间并不会因为场次的累积而被叫停。在戏剧中我们能看到类似的情况。莎士比亚很少在一出戏的后半段引入重要的新角色或者想法，因为那时候观众也许已经很疲倦而难以理解他们象征的意义。这种疲劳在某种程度上能够被投入消解。橄榄球队总教练和进攻教练会紧抓着首发四分卫不放，就算他的能力随着年龄增长渐渐衰退。他们会把他当作团队领袖和吸引当地观众的法宝进行投入。同样地，尽管莎士比亚的观众们已经有些疲倦并且已经知道结局如何，他们还是会一直待在位置上看完整出《哈姆雷特》，因为他们已经在感情上对表演做出投入了。

我们也许会认为疲劳和投入在任何现实生活中都是互相对抗的，但是，我们马上就能看到，在一个聪明的实践者手中，它们可以同时被应用。

说服艺术中的时间设计

时间是基于人类心理而建构的。当它精确地与人类自然相协调时，时间的设计就可以获得高度特定的反应。时间设计师们能够通过重新设定其他人的心理时钟，达到控制他们的目的。时间设计于是转变为一种社会工具，可以被应用于各种不同的情境中，产生好的效果，当然也会有不好的效果。这种对时间的操控中最具权威的就是古老的修辞艺术。

古典思想家将这种修辞艺术视作政治力量中必不可少的工具，他们同样意识到公共演说家们从操控听众的心理中获得权力。在4世纪中叶前，一种为了实现完美演讲而进行的时间设计就已经出现。为了我们称之为“权力平等的演说”[伊索克拉底演说（Isocratic oration）] 所做的设计，直到今天依然存在：

1. 介绍；
2. 阐述；
3. 分章节；
4. 论证；
5. 对抗辩的反驳；
6. 结尾辞[1]。

根据这样的词行来进行设计的经典演说，成了说服听众的一个模板。它将连续和离散的部分进行分隔，从而提供了某种系统的、貌似合理的氛围。运用这个设计，讲话者能够给人带来一种印象，那就是他拥有丰富的关于论题的知识，并且塑造了一个完全理性的假象。相反，讲话者能够解放被压抑的听众，那些恐惧、妒忌、愤怒、感谢、怜悯的情感被释放出来，并将听者从抱持怀疑态度的评估者转化成为毫无异议的乌合之众。伊索克拉底所处时代的两千年后，借由马克·安东尼为了被害的尤里乌斯·凯撒所做的演讲《朋友们、罗马人、同胞们》[*Friends*，*Romans*，*Countrymen*]，莎士比亚向人们传达了这种可怕的力量。这个著名的演讲尽管没有严格遵照伊索克拉底的程式，却表现了时间设计在说服中的作用。安东尼的真正目的是要说服听众为了凯撒的死而向杀人者布鲁图斯和凯歇斯实施报复，但是在演说开头却几乎一直说着反话：

各位朋友，各位罗马人，各位同胞，请你们听我说！
我是来埋葬凯撒，不是来赞美他的。
人们做了恶事，死后免不了遭人唾骂，
可是他们所做的善事，往往随着他们的尸骨一齐入土；
让凯撒也这样吧。

他故做姿态假装自己无法继续演说——这就是他对凯撒的爱：

原谅我；
我的心现在是跟凯撒一起在他的棺木之内，
我必须停顿片刻，等它回到我自己的胸腔里。

在赢得了市民的同情心后，他掉转立场，朗读凯撒的遗愿，给了他们沉重的一击：

而且，他还把台伯河这一边的他的所有的步道、
他的私人的园亭、他的新辟的花圃，全部赠给你们，
永远成为你们世袭的产业，供你们自由散步游息之用。
这样一个凯撒！几时才会有第二个同样的人？
［《尤里乌斯·凯撒》，III.ii］[1]

[1] 此处援引《莎士比亚全集（五）》，朱生豪译，人民文学出版社，1994 年。

这最后充满哀伤的触动引发了人群对凯撒强烈的感情，以及对刽子手同样强烈的恨意。所有罗马人都冲了出去，准备复仇。

安东尼的演说向我们证实，说服艺术中的任何一段内容都与它在时间框架中的位置相对应。段落本身不需要多么真诚、真实，或者上下文一致，只要它能在那个时刻用到适当的语气就可以。通过设计听众的时间，修辞学家便可以控制他们。

不出意外地，时间设计在现代市场中成为了关键因素。为了向顾客出售一些大件商品，最好的办法便是与他们度过充分的时间。房地产商和赌场会投入一大笔钱把潜在的顾客从几百米开外的地方带来。于是被大费周章带过去的人更容易感到自己仿佛有一种义务，会稍稍失去判断力并更容易被说服。另外，他们已经投入了自己的时间，而人们往往不喜欢投入了时间却没有任何回报。

某家高端食品市场则因为将顾客［像我这样的］带入一个时间漩涡而获得了巨大利润。这个市场有两个公众入口，东西各一个，但是因为各种理由，经过公司的设计，几乎所有人都从东面的大门进入市场。我们发现自己很快被水果和蔬菜包围，它们被陈列地相当诱人。就在右手边距离几英尺的地方摆放着新鲜肉类、家禽和鱼类。我们可以吃很多免费试吃的小食，可以说都很不错，而且令人惊讶的是，价格跟那些大型连锁店差不多。

现在，如果我们 180 度转身直接走向收银台，就可以成功离开，市场在与我们之间的交易中便会产生净损失。但是，商店总是没那么容易让我们径直离开，而且还有更多的免费试吃等着我们。于是我们继续朝向唯一可能的方向：散装食品的通道。当我们望着过道旁商店内部的“密室”，在无数的茶叶、意大利面、饼干和啤酒中间，我们开始有点明白市场是怎么赚钱的：这里的标价跟专卖店的一样。针对肉类和蔬菜的慷慨平价，商店通过间接补偿完成它的“杀手锏”。

市场策略的杰作留到了最后。通往收银台的旅程已经被预先设定，我们被带往了红酒区和奶酪区，这两种商品的定价高得离奇。如果两样都买，我们的账单总额将上升 30% 以上。别的选择是什么呢？再次与高峰时段的交通奋斗，把车子停在另一个停车场，走过另外一条通往收银台的路线，最终我们将变得更加筋疲力尽。目前为止，两害取其轻的结果便是待在原地并多花一点钱。而且，我们走过一条又一条通道，已经越来越饿了。

另一种形式的时间漩涡存在于美国的汽车销售。打电话给一名汽车销售并询问可能的最低价时，他［通常是一个“他”］会坚持让你去到现场。这并不是因为他急着想要认识你，而是他从统计数据得知，如果他能占用你一个小时或两个小时的时间，那么他更容易做成这笔生意。于是，你去到现场，等于走入了漩涡口。一开始气氛是随意轻松的。你跟随一位销售看完汽车，比较车型和价格。你会试驾一下，然后去他们的办公室最后达成协议。在这个过程中，情感压力便开始生效。经过一个漫长得仿佛没有止境的过程，销售人员会跟你争取、讨价还价、辩驳，把价格从定价渐渐磨到他们的目标价格。所有的疲惫和投入产生的效用都有利于销售商。你希望能最终达成协议，而且你不希望这所有的时间都浪费了。

在一整套说服行为中时间设计始终存在，从邮购公司提供的

“免费试用品”到马克西姆的饭后红酒试喝。在宗教庆典中时间设计尤为显著，长时间地重复神圣的话语和庄严的姿势会加固人们的信仰和服从。在美国国会立法过程中，它也有着根本的重要性，代表多数党派的委员会主席只需通过设置议程便能拥有巨大的权力。这些例子提醒我们，控制时间可以说就是控制人。这也就可以解释，为什么充斥整个商场的那些商品和创意可以揭示真理或者诉说谎言，而时间的设计往往是在撒谎。

令人欣喜的变化：时间和生命的音乐

鉴于时间设计在各个方面取乐、欺骗、困惑着我们，我们会期待它能够在塑造健康生活上有所作用。首先，设计个人的时间意味着什么呢？或者，让我们来换个问法，时间设计与时间管理有什么区别呢？时间管理是有着目标导向的策略，而目标往往与利益紧紧挂钩。时间设计，则与之相异，适用于一整套达成心理健康的体系。在第十章，我描述了我在孩子还小、需要照顾的那段时间，所遵守的日程安排是怎样的。我所遵守的，正是优秀的音乐家和艺术家们在旋律、节奏、视角和能量的不断变化中维持观众注意力并提供丰富体验的时间模式。这两种时间设计的共通之处在于注意力和多样性。我日常生活中的每一项都要求我投入所有注意力，但每一项都以各自不同的方式挑战我。早餐的快节奏与写作时的孤独沉思，形成鲜明的对比。我从居家到写作，再去教课，然后慢跑的过程中，视角不断重复拓宽和缩窄的变化，我的能量付出也随着每项活动上升或下降。同样地，我的这些活动的特性也有着广泛的多样性。每天都要对个人、家庭和职业全神贯注。我的日常行程包含着知识水平的范畴，从莎士比亚到拉布拉多猎犬；包含的设计范畴则从大学课程设置到一块烟熏土耳其三明治。我的所有这些人类功能都建立在日常的基础上，妻子与我更为和谐，她也变得更丰富了。正如西塞罗所说的："变化让人愉快。"在我身上，日常工作的变化与心理官能的变化紧密结合在一起，让我的人生变得完整。

遗憾的是，我无法将自己的这些体验转变为某种幸福的处方或者心理万灵药。我并未有意识地选择过那样的日子。很大程度上，它们是因为环境降临在我身上而形成的。那些理性选择的理论并没有规定我每天要准备两到三餐食物，每星期在教授职位上工作五天，又或者每天的睡眠少于平均睡眠时间，遛一只淘气的狗，吃七次能量棒等等。让这些日子有所规划的恰恰是这些事情与我内在的自然力以一种我并不太明白的方式对话，并召唤更多的自然力，最终甚至多过我认为自己能够付出的。

你也许会问，究竟是什么样的人类欲望通过这些富有活力且多样化的活动得到满足并重生呢？有些人类欲望并没有出现在现代资本主义的愿望清单上，这个清单从头到尾都是那些可以进行买卖的东西：权力、职位、休闲、食物、娱乐。我所说的那些需求无法通过买卖实现，而是关乎个人主动性和个人需求：刺激、创造、沟通、冒险。现代制度无法满足人类的这些需求，于是公民们忍受着道德和心理的匮乏状态。但是，我那些有规划的日子满足了我保持沉默的渴望，它们让我能够竭尽所能并用崭新的态度对应这个世界。我们应该记得在第二章里那个屋主说的话，她发现赖特先生不是为了过去的她设计房子，而是为了那个她能够成为的人而设计。我当时的房子同样是按照这种想法建造的。

[作者注]

1 Isocratic oration 得名于希腊演说家 Isocrates（前 436—前 338）。

15 设计个人知识

我们如何管理那些个人经历必然会产生的个人想法和抑郁情绪呢？在某种程度上，我们可以有意识地对个人知识进行规范，就像是驯兽员控制和训练一条狗那样。但是我们的内在能量是如此不稳定，以至于有意识的控制必然显得不足。我们也可以试着表现出我们的内在情感，但是这种表达可能会接近反社会并趋于混乱。个人知识是一种永久的精神，它与我们共存，不可分割且永不停息。它与情感难分难解，而悲伤、后悔、怨恨、怀疑、恐惧和失望——所有这些情感都试图让我们的能量转向。它与我们对话，我们则倾尽全力回应它传递的信息。

然而，控制和自我表达并未能穷尽我们的心理技能。通常，我们会无意识地反复设计我们的个人知识，使其变得人性化并可管理。

以下是这种情况发生的一些方式。

奥菲利亚和心理医生

2001年9月15日周六的早晨，我与20位左右的心理医生一起坐在俄勒冈阿什兰市的一个会议室中。我们都不同程度地参与了“9·11”后的重建工作，他们邀请我参加集体治疗小组。事实上，恐惧始终伴随着我。这个学会，每年都有博士们远道而来分享关于戏剧的研究和鉴赏，我在其中的职责便是做讲座，当然是关于莎士比亚而不是恐怖主义的。我自己本身尚且如此不安，我又如何能够安定他人的情绪呢？我怎么可能在20位心理创伤医生面前谈论创伤呢？

是那位吟游诗人解救了我。我记得每当剧中某个主要人物去世，莎士比亚并没有在舞台上呈现，而是编撰一段声情并茂的演说，描述死亡的所有细节。比如，以下这段王后叙述哈姆雷特的爱人奥菲利亚死亡的诗：

> 在小溪之旁，斜生着一株杨柳，
> 它的毵毵的枝叶倒映在明镜一样的水流之中。
> 她编了几个奇异的花环来到那里，
> 用的是毛茛、荨麻、雏菊和长颈兰，
> 正派的姑娘管这种花叫死人指头，
> 说粗话的牧人却给它起了另一个不雅的名字。
> 她爬上一根横垂的树枝，

想要把她的花冠挂在上面，
就在这时候，一根心怀恶意的树枝折断了，
她就连人带花一起落下呜咽的溪水里。
她的衣服四散展开，
使她暂时像人鱼一样漂浮水上，
她嘴里还断断续续唱着古老的谣曲
好像一点不感觉到她处境的险恶，
又好像她本来就是生长在水中一般。
可是不多一会儿
她的衣服给水浸得重起来了，
这可怜的人歌儿还没有唱完，
就已经沉到泥里去了。
[《哈姆雷特》，IV.vii][1]

莎士比亚的舞台策略在这里显露无遗。他不能在观众面前呈现奥菲利亚的死亡，因此他通过另一个角色，以悼念的方式描述死亡的细节，这无疑是最好的处理方式。不过，我意识到，死亡叙述本身的意义远远超出一个舞台策略。这是一种超越文化的民间传统，它始终对我们产生影响并源自某种普遍的心理需求。每当我们听闻某个对我们而言非常重要的人去世，我们便想尽可能了解每一个细节，而一旦我们知道了所有细节，我们会觉得应该传达给其他表示关心的人。

---

[1] 此处援引《莎士比亚全集（五）》，朱生豪译，人民文学出版社，1994 年。

死亡叙述提供了某种解脱。它不会减轻我们的哀伤，但它能够将这种真相带入我们日常的现实，否则人们将无法承受这样的真相。

所有这些与“9·11”或者心理医生又有什么关系呢？那个周六上午，轮到我发言时，我告诉他们可以将叙述作为组织现实的手段。我向他们提出，在创伤性事件发生后的治疗中，第一步便是建立一种叙事，将事件置入理性语境中。这种叙事让思想能用可认知的方式对事件进行表达，从而让受伤的心灵安定，一如用夹板固定受伤的四肢。出于这种考虑，我建议他们尽可能地搜寻关于“9·11”的信息，并建立自身的叙事。

当我回到波特兰的家中，我已经拿到了最近被广泛讨论的关于创伤治疗的书籍——朱迪思·赫尔曼［Judith Herman］博士的《创伤与复原》［*Trauma and Recovery*］。让我松了一口气的是，赫曼的临床经验告诉我们，叙述在复原过程中起着决定性作用。她在书中提到：“接下来是重组创伤事件，就像是背诵事实。从冻结住的想象和感觉的碎片中，患者和治疗医生慢慢地重组起一个有条理、有细节、口头陈述并且朝向时间和历史的背景。这样的叙述所包含的不仅仅是事件本身，还有幸存者对它的反应……最终的目标……是将故事以及因它产生的意象转化为言语表达。”[1]

与这些心理医生在一起工作的经历告诉我，设计在人类心理中的重要性。首先，一项叙述，无论它如何精确，它所叙述的并非事件本身，而是对事件进行模拟的一次精神设计，并用理性话语表现事件，让我们能够承受并控制它。我们拥有的给事物塑形的能力就是治愈我们伤口的精神良药。一旦我们消化了一项叙事，它便成为我们精神统一体的一部分，以及组建我们现实的宏伟设计。我们人类的诸多叙事也绝不仅仅局限于个人经历。我们将自身以及我们的文化定位在更宏大的系统叙事，即历史之中。我们通过一个名为科学的网状叙事，理解并掌握我们的物理现实。只有通过这一系列复杂的叙事设计，我们才能够与围绕着我们的世界沟通、彼此维系、解决问题并领会生命。创伤性叙事是强大的叙事系列中的一部分，它们有些是精确的，有些则富有诗意，来自于我们的创建，同时建立了我们的人性。

叙事和无意识

大部分创伤性叙事并非由治疗者规定，或者有目的地执行。我们会无意识地创造它们，并且无意识中，它们成为自我疗愈的一部分。每当我想起1996年母亲的去世，我便会立刻开始一段叙事，包括她生病、诊断、手术，我远赴看望并照顾她，以及最后的再见。这是个悲伤的故事，但它让我免于承受失去的痛苦。我并不是有意地创造这个故事。我的思绪无意识地组合在一起，某种程度上，这是让我自己徘徊在悲伤荒野中的方式。在这点上，我与大部分其他人无异。就像是低能儿专才，我们是无意识的小说家和剧作家，编造这些故事让我们能够与内心的魔鬼谈判。这些半虚半实的小说使我们从沉重的负罪感和拒绝相信的泥沼中解脱。

同样地，我们是创伤性叙事的无意识创造者，我们从他人的创伤叙事中获得宣泄的满足感。举例来说，灾难电影之所以受到大众欢迎，不仅因为它激发了我们的恐惧和同情心，而且，几乎没有例外地，它将灾难置于一个理性话语中并暗示生命仍将继续。幸存者叙事中最重要的部分在于它所隐含的一丝救赎光芒，即我们幸存了下来。灾难叙事的功能就在于它是为了疗愈进行的设计。我在 9·11 后选择的阅读书目包括《102 分钟：关于双子塔内生存搏斗的未公开故事》[*102 Minutes: The Untold Story of the Fight to Survive Inside the Twin Towers*]，由吉姆·德怀尔 [Jim Dwyer] 和凯文·弗林 [Kevin Flynn] 撰写。他们收集了大量的信息并建构了一个故事，其中涉及幸存者和遇难者的数字，并集中探讨了事件的可怕和对人性的影响。我读这本书的原因之一便是它帮助我对事件产生具象的认知，并将它放入人类的语境中。我打开书本，跳到最后的部分，读到一名救援人员的故事："就像是人们在几小时前去上班那样，一天就这么开始了，整整一个时代之前便是如此。现在查克·赛莱卡正独自走在回家的路上。他的护理工作服被撕裂了，他独自一人在夏末的夜晚朝着北方缓慢行走，拖着的脚步走在街上发出了声响，而这条街被铺上了厚厚的灰尘，它们曾经是世界贸易中心。"[2] 难以想象的事件已经发生，人们也遭受了难以想象的苦难，但是生命在继续。一个男人正在走回家。

我自己的"9·11"故事

当我建议阿什兰的心理学家创建"9·11"的叙事时，我其实对于这场灾难会带给我什么影响毫无头绪。很快地，我便专注于政治性议题。接下去的两年间，除了就公民教育和公民行动写了些短文之外，我没有写其他文章。2004 年夏天，就在我开始准备写这本书后不久，突然有一个机会让我回顾 9·11。我偶然获悉世界贸易中心的建筑师山崎实并没能对最终设计倾注全力，而是被港务局强迫放弃他的原计划，并最终建造了比原计划大两倍的大楼。我开始调查山崎不得不做出的妥协以及它们的后果。我决定公开我的调查结果，并以“当设计成为悲剧”命名那一章节。当我已经开始写这一章节时，有了一个令人不安的发现。在观察一张残骸的照片时，我在一块仍然竖着的金属窗饰中找到了伊斯兰教风格的设计［波斯尖拱］。我在谷歌输入一些关键词，几秒钟后，我开始看一篇详尽的学术分析。它论述的是山崎在双子塔及毗邻的广场中对于神圣伊斯兰教意象的刻意使用。我还了解到那些山崎在 1960 年代为沙特阿拉伯完成的重要的西方化工程，已经让他与沙特阿拉伯王室和本·拉登的建筑公司关系密切。这个调查研究让我确信，山崎在阿拉伯国家的建筑，以及他对伊斯兰教意象的善意使用，恰恰让这个建筑群超越其他对象，成为那个激进主义者奥萨马·本·拉登的首要目标。2001 年，这个对西方化和沙特王室深恶痛绝的暴徒制造了“9·11”事件。

于是我写了这一章［在本书中经过修改］，对调查报告进行详细论述，并对公司优先如何对设计产生负面影响做了案例分析。但是那之后，我又意识到还有另外一些问题。无论怎样，这是我自身对于创伤的叙事，是处理混乱的一种心理机制。

记忆的设计

与叙事相仿，记忆也主要源自于无意识创造出来的设计。有意创造的记忆，包括电话号码、旅行日程、冷知识的答案等等，就像是浩瀚大海的薄薄的表层，下面则是活跃的形象、想法、感情和特性，胡乱地充斥着我们对于过去的想象。许多人都把他们的记忆郑重其事地认定为真相，经验证明，那些记忆最多是事实与幻想的混合物，并且经常带有自我防卫的倾向，或者因为其他一些主观性认知而扭曲。这就像是在双方的争论中，一方总是会记住另一方的攻击性。更有趣的是，大脑会无意识地改变这些记忆，让他们能够更适合于自己拜占庭式的目的。出于这些相关因素，记忆可以被当做设计进行研究。

我最早的记忆是外婆一直照顾着我，她始终唱同一首歌给我听，即弗朗兹·莱哈尔[1]的《风流寡妇圆舞曲》[*Merry Widow Waltz*]。这个记忆带给我某种自豪感。尽管我的外公和爷爷奶奶，都来自欧洲的乡村并且没有受过教育，我仍然乐于相信我的外婆在我那么小的时候，就让我受到了 19 世纪维也纳文化的熏陶。但之后这个幻想的架构就像纸牌做的房子一样塌了。我发现莱哈尔是一位 20 世纪的作曲家而且一直活到了 1940 年代后期。更糟的是，我终于弄

[1] Franz Lehar [1870—1948]：奥地利轻歌剧作曲家。其作品《风流寡妇》最为著名，通过年轻貌美又富有的寡妇汉娜的风流韵事，展现了 20 世纪初期欧洲上层社会的生活风貌。

明白我的外婆其实是在恩斯特·刘别谦[1]1934年的电影《风流寡妇》[*Merry Widow*]中，学会了珍妮·麦克唐纳[2]的大热歌曲《风流寡妇圆舞曲》。那个让人欣喜的象征意义就此被剥夺，我那关于被歌声熏陶的记忆也开始消失。

另一个值得注意的例子是许多伊斯坦布尔人被灌输的一段“最初的记忆”，它来自英勇的中东人科内利厄斯·布尔[Cornelius Bull]。1920年代末期，当他还是个孩童的时候，坐在父亲的肩膀上游览动物园。他们停在了大象区，父亲递给他一颗花生米让他喂大象，这孩子便越过高高的栅栏把手伸了出去。大象欢喜地探出鼻子，可是还有几英寸的时候，孩子因为害怕缩回了手，对他来说大象实在太过庞大了。然后，就像是给他个教训一般，大象用鼻子敲了下孩子的脑袋。

一个巧妙的，或许过分巧妙的“最初的记忆”。对每个了解科内利厄斯·布尔的人来说，这个记忆实在是太符合他的性格了，以至于听上去就像是假的。他人如其名，勇敢坚强。他辞去教师工作，成功地创建了一家咨询公司，并且在将西方教育引入中东国家的过程中，发挥了重要作用。有什么故事能比来自大象的教训更适合用来显示他的勇气呢？又有什么地方比伊斯坦布尔更容易散播他的传奇呢？这并非想要质疑布尔的诚实，尽管人们也许会期待对讲

---

[1] Ernst Lubitsch [1892—1947]：德国演员、导演、编剧，主要作品有《璇宫艳史》《妮诺奇嘉》《天堂可待》等。

[2] Jeanette MacDonald [1903—1965]：1920年进入百老汇当合唱队员，成为当时歌舞剧和轻歌剧的明星。1929年主演了刘别谦执导的《璇宫艳史》。

故事的人制定某种许可机制。最有可能的是在他生命中，这个记忆开始超越其他早期记忆，原因正在于它与他的个人形象是如此契合。

最后一个关于记忆即设计的例子来自于总统伍德罗·威尔逊[1]的人生。他声称自己最早的记忆定格在1860年。他记得有个人骑马来到他家，并告诉他父亲内战即将打响。我怀疑这是否是他最初的记忆，不过这肯定是最有利的一个记忆，因为这个记忆，将他与国家历史紧密结合在了一起，而且1917年，他成为了继林肯总统之后，第一位带领美国加入重要战争的总统。与布尔一样，很大程度上，这是一个为了与个人性格设计相一致所做的自我选择。

这种个人历史与心理需求之间的相互影响将我们带回朱迪思·赫尔曼的著作中。在弗洛伊德式的心理治疗中，病人们受到鼓励去创建那些很久以前的个人事件叙事。弗洛伊德教授我们，这样的事件所引发的心理机制会影响到成人时期。赫尔曼则论辩道，这样的叙事还有第二个作用，那就是为遇难者们提供一种自治的方法，让他们能够免受精神损伤。但是在一次激烈的争论中——我们现在称之为记忆大战——一些心理治疗师开始质疑，对患者的童年进行重建究竟是否应该得到鼓励。在这里，有两个问题是值得商榷的。首先，那些因治疗师诱导而被患者创建的叙事，也许会因为它被滥用而遭受指责，但选定的指责对象往往是错误的。第二，患者往往会将这种叙事作为心理的拐杖。在这些叙事中他们是受害者，

[1] Woodrow Wilson [1856—1924]：美国第28任总统，是唯一一名拥有哲学博士头衔的美国总统。1919年被授予诺贝尔和平奖。

因此他们很容易就会对自己的行为不负责。鉴于我们仍然缺乏这样的共识，我们也许可以总结道，叙事就像是其他形式的药物治疗，很有可能被误用。而这样的危险确证了它拥有力量。[3]

梦的设计

如果叙事和记忆含有强烈的设计元素，那么梦又如何呢？首先，我们必须承认所有记录在案的梦都经过了两次再设计：一次是将它转变为记忆，还有一次则是将它转述为叙事。但是，梦本身呢？西格蒙德·弗洛伊德巨细靡遗的《梦的解析》，如今在这个领域遭到专家们的广泛抨击，但是，梦传达了某种真实以及梦是一种情感表达，这一点还是相当明显的。作为一种假说，为什么不大胆假设内在情感的表达是梦的目的呢？

当我尝试分析自己或者亲近的人的梦时，这个假设还是很有用的。我大致沿用了弗洛伊德的分析，只不过没有他那么野心勃勃或残酷无情。但是问题在于，梦是否因为使用了某种特定的方法或设计而能够获得表达呢？就我自己的梦而言，回答是肯定的。让这些梦得以表现的设计可以被称为周期性再现。

让我分享下我最喜欢的梦，而且它是唯一一个我能清楚记得每一个细节的梦。它多次以不同版本占据我的睡眠，而且它总是出现在早秋时节，每个学期开始前：

> 早晨起床，我看了下时间，发现我必须尽快出发，否则上课就要迟到了。我立刻充满了不安。我抓起东西冲向汽车，插上钥匙发动引擎。汽车开始发出阵阵哀鸣和啸叫声，却纹丝不动。我会错过上课吗？最后这辆老坦克终于轰鸣着发动了，朝学校开去。到了学校，我拿起一份课程表，急匆匆地穿过庭院跑去教学楼。到达大厅后，我在课程表上找到了房间号。但是这个房间并不存在，我走错楼了。我会错过上课吗？我再一次跑过校园来到了正确的教学楼，走进对的教室，发现教室坐满了学生。我站在他们面前，发现他们以奇怪的眼神看着我。顺着他们的目光往下，我发现自己忘了穿裤子。

这个梦就像是这种主题的教科书一样，以各种形式支配着很多梦。作为专业术语的代替物，我称这种主题为“与自我的社会建构相关联的愿望与不安”。我们经常会梦到我们想展示在世人面前的样子，以及对于这样的展示我们所惧怕的事情。最能够代表这个话题的是对我的教师工作的评价好坏。请注意，这个梦分为三幕，每一幕都有一个危机亟待解救：无法发动汽车、走错教学楼和忘了穿裤子。汽车、教学楼和裤子象征着我的不安，而我启动了汽车、找到了正确的教学楼并出现在学生面前，则象征着我的愿望，希望能够在社会中充分展示。愿望与不安像这样周期性地再现，是因为我想要完成某事的愿望往往引发了相应的不安，而这种不安又反过来驱使我重申自己的愿望。

对于梦境的探访显然有些匆忙，但是至少它说明了在两个重要领域，梦与设计相关。梦是无意识的设计，我们以此表达那些与我们休戚相关的人生问题。同时，它们通常与我们如何在工作及个人生活中为这个世界设计自己相关联。

主体性作为无意识设计

驾驭生活的需求迫使我们每个人在对世界进行观察的同时对其创建一个内在模式，我们人生中的成功或失败在很大程度上取决于这个内在模式的自适应值。哪怕对我们进行最精确的复制，我们依旧保留了自己的创造物，从这个意义上来说，我们都是世界级的业余设计师。

莎士比亚是最早利用这种主体性的艺术家之一。他的每一个主要角色都体现出对经历的特殊建构［Gestalt］。理查德三世坚持道，是这整个环境让他变得残疾和畸形，把他的世界转变成了一个充满恶意的剧场：

> 我没有弟兄，我不像任何兄弟。
> 老头们称作神圣的“爱”的这东西，
> 在别人身上都有，
> 就让它在那儿吧，
> 而我没有，我是孤家寡人。

［葛罗斯特在《亨利六世》第三部分的发言，V.6］

李尔王则相反，在宫廷中受到诸多荒谬的奉承，他自己的内心世界便开始呈现自我沉溺的模式。当他的女儿考狄利娅最终拒绝继续奉承他时，个体的和谐被打破，他终于失去理智：

> 啊！考狄利娅不过犯了一点小小的错误，
> 怎么在我的眼睛里却会变得这样丑恶！
> 它像一座酷虐的刑具，扭曲了我的天性，
> 抽干了我心里的慈爱，
> 把苦味的怨恨灌了进去。
> ［《李尔王》，I.iv］[1]

李尔王的“天性”便是他的内心世界，是一个由假想和刻意的遗漏形成的主观架构，而来自于亲人对其构成基础的质疑则彻底扰乱了这一架构，进入了无序状态。莎士比亚创造的悲剧英雄们都有着类似的经历。理查德二世、哈姆雷特、奥赛罗和麦克白，都遭受了内在范式崩溃的痛苦。相反地，恰恰是那些骗子的人物形象，能够应对两个以上的现实，甚至能够改变其他人物的现实，他们才是莎士比亚剧中真正的英雄。普洛斯彼罗在《暴风雨》中是一位能改变心智的魔术师，他利用巧妙的错觉进行道德教育并成为自身创造

[1] 此处援引《莎士比亚全集（五）》，朱生豪译，人民文学出版社，1994年。

物的代表形象，一个有着很多想法的人。

莎士比亚之后，主体性继续作为现代主义的主要课题，并且事实上成为所谓的后结构主义的基本假设。后结构主义的主要倡导者是雅克·德里达以及米歇尔·福柯。他们的著作不仅难懂，甚至自相矛盾，但是通过粗略的解读，我们得以了解到我们每个人都被思想建构所束缚，同时这种建构模拟了身边的现象，并将我们困在这些现象中，与外界隔离。后结构主义的研究调查将主体性的学说带向最为极致的系统阐述，但相应的代价却是对一些重要问题的忽视或掩饰。这里仅举其中三例：

> 如果说主体性具有普遍性特征，那么它为何不能控制后现代主义的发展呢？
>
> 为什么有些人对外部现实如此积极投入呢？
>
> 自然科学的主观性又从何而来呢？

类似这样的问题暴露了后结构主义的致命弱点：它在一种自我沉溺的架构中坚持将主体性奉若神明，而这种结构与其他结构共通的局限性使其受到后现代主义的抨击。用哈姆雷特的话来说，后结构主义运动可以说是“开炮的要是被炮轰了，倒也是趣事一桩”。[1]

但是，我们并不能因为主体性的范畴被肆意夸大，而忽略它的

[1] 出自《哈姆雷特》第三幕第四场，后来人们用这句话来比喻搬起石头砸自己的脚、害人反害己、自食其果等。

重要性。主体性有可能成为个人成功道路上的绊脚石，也有可能严重威胁到个人精神的稳定。如果我们每个人都努力思考那片属于我们自己的天空，那么许多心理学家就要申请社会救助了。相反地，个人视角的拓展并非那么幸运便能得到，使它重振旗鼓则更是难上加难。

问题在于，主体性并不仅仅是无知的，它更接近于一种无意识设计的形式。让我们来设想一下，将那些我们认定为确凿无疑的事物看作是白纸上事先设定的点。当思想在这些点间画线连接起来时，主体性便产生了，这些点也就是设计用自身填充了无知。有时，我们会意识到模式即假说，它的前提会因为学习或经验而改变。但是有时，这些前提变成了如此便捷的工具，以至于当我们做出肯定判断时，会允许它们变得更为确定。相比那些不确定的事实，利己的杜撰具有更强的侵入力。当自己的杜撰受到挑战时，我们通常会倾向于守卫这些杜撰。我们是如此拼命地保卫自己无知的城堡，甚至启发了创意咨询师罗迦·费·因格［Roger von Oech］将他的书取名为:《在屁股上踹一脚》［*A Kick in the Seat of the Pants*］和《当头棒喝》［*A Whack on the Side of the Head*］。

除开这些不说，我们至少能得出这样的结论，即主体性是天生且无可避免的，它无法为激进的怀疑主义进行辩护。主体性纯粹只是我们用个人的设计对整个世界进行测绘的方法而已。我们这些设计的价值并不在于如何精确，而在于我们希望通过对话和接触，对它们进行实际的测量。这种愿望成了我们亲自打造的知识“家具”，当我们优化自己精神的“窗口空间”时，它的价值不断得到提升。

设计是一种对秩序和连接的追求

在一个小孩子试图体察过去的经历并对其建立秩序的行为中，我们可以发现某些心理源泉，让人有明确意识和目的进行设计。我从 13 岁开始写日记，但其实从 6 岁起，我便一直以一种非正式的方法打发时间。也许应该谢谢我的母亲，她给了我一本有着红色卡纸封面的大剪贴本。每年 6 月，我会用迥然各异的设计制作一页图文兼具的内容来纪念过去的这个学年。这本剪贴本早已遗失，它本身也只不过是我记忆中的碎片。而且，我也不太记得究竟是什么促使我在那么小的时候，开始制作剪贴本。我唯一的线索是杰罗姆·科恩[1]与艾拉·格什温[2]合作的歌曲《很久之前和很远以外》[*Long Ago and Far Away*]，从我 6 岁生日起收音机里便一直在播放这首歌。它成为我最喜爱的歌，并让我有了某种早熟的怀旧病理，那种伤感情绪是如此猛烈，以至于我只要想起这首歌就能感受到。也许，正是这种怀旧情绪促使我保存那些逝去的时光，只要我把它们设计进我的剪贴本，他们就不会被完全遗忘。之前，我把设计的行为认定为自我赋权和自我更新的行为。我自己的童年经历显示，设计同样可以是一种生存技能，是我们应对改变和遗失的一种自我保护手段。

---

[1] Jerome Kern [1885—1945]：美国音乐剧历史上最伟大的作曲家之一，被称为“现代美国音乐剧之父”和美国剧场音乐的先驱。

[2] Ira Gershwin [1896—1983]：美国抒情诗人，作曲家乔治·格什温的兄弟。他们共同合作了多首作品，包括《真正的美国民歌》《夫人，再见吧！》《奏起来，乐队》等。

对于设计在叙事、记忆、梦，甚至是明显的现实中的这一系列探索，其结果也许是令人沮丧的。但是，对比那些被我们视为不愿面对的现实，精神对于舒适自在的偏好揭示了某种先天的创造力，这种参与设计的能力潜伏在我们每个人体内，通过教育得到完善，以及根据个人意愿得以解放。我们心中都囚禁着一个设计师，唯一的问题就在于我们是否有能力释放他们。

［作者注］

1 Judith Herman, *Trauma and Recovery* (New York: Basic Books,1992), 177ff.

2 Jim Dwyer, Kevin Flynn, *102 Minutes: The Untold Story of the Fight to Survive Inside the Twin Towers*(New York: Times Books, 2005),261.

3 关于这个讨论，参见 “The Science and Politics of Recovered Memory”，*Ethics and Behacior*，第 8 页，no.2（1998）。

后记　设计真理

我们已经快抵达我们的目的地了，让我们最后再看一眼我们走过的路。我们可以看到一个对立的大峡谷。峡谷的一边是一整排坏设计的队列：那台头重脚轻的电冰箱随时准备袭击它的主人；一台丑陋的艾德赛尔因为吞下的汽油而抱怨不已；雷古勒斯软件在真空中进行构想；那个想要成为独裁者的人所画的迂腐“风景”，还有他那笨重畸形的人民会堂；马德罗圣彼得的巴西利卡会堂那骄傲的正面；令人生畏的世界贸易中心塔楼——所有这些都与权力和金钱的追求相关联，与一种谎言的文化产生共谋关系。而在峡谷的另一边，我们仔细考量了一些没那么庞大却更为优雅的混合体：有着优雅装饰的 Norton 摩托车；查尔斯 · 伊姆斯和比尔 · 史坦弗的那些令人亲近的家具；谷歌和 Corel 开发的令人惊讶的个人软件；布拉曼特对圣彼得教堂的最初构想；德泰宫那让人欣喜的建筑；蒙特菲尔特罗的宫殿表现出的独立个人的灵魂；索芳妮斯贝的自画像对艺术所拥有的智慧和权力的致敬。的确，这些好设计的背后同样有着来自金钱和权力的支持，与我们所有人一样。但是，金钱和权力绝非它们所传达的信息，也不是它们的目标。他们直接向我们述说着生命，并教会我们关于自身以及这个世界的真理。

在这样的思想指导下，我们进一步设想没有特定材料模式的设计：为了生存的设计。千利休重新设计了茶会，使其成为一种手段，用简朴、平等、人道的文化对话，代替他所处的社会中不平衡且失效的相互沟通。当巴尔达萨雷·卡斯蒂廖内构思《侍臣论》时，他的愿景是一个新的社会，以良好的知识为基础并以个人成就和社会改良为使命。托马斯·杰斐逊起草了《独立宣言》和《弗吉尼亚宗教自由法》，并利用其建设一个以理性、自治和个人良知为基础的社会。利休、卡斯蒂廖内和杰斐逊设计的绝不仅仅是规则和法案，他们设计了让我们得到自由的知识。

事出必然，卡斯蒂廖内和杰斐逊都受到来自马库斯·图留斯·西塞罗的影响。卡斯蒂廖内模仿西塞罗的写作风格，并反复引用后者的言语和想法；杰斐逊和他的同僚们则以西塞罗对于自然法则的主张为基础，建构了他们对于一个自由国家的认知。杰斐逊用西塞罗式的修辞撰写独立宣言和法案，并称他为人类历史上第一位大师。我们必须承认这个评价有着坚实的基础。西方历史中，没有任何一位人物能够像西塞罗那样，如此丰富地论述一个以学说为中心并自治的社会构想。任何一种外来力量，任何一个土皇帝，都不能主宰这样的一个社会。因此，西塞罗主张并保卫了罗马共和国的自由。

将自由视为使命的西塞罗，在他去世多年以后，成为了自由现代理念的教父，这一理念在 13 世纪到 14 世纪的佛罗伦萨得到普遍发展。这也使他成为了我们所有伟大设计的源泉：我们在第十二章中追溯了渐次发展至今的自由的多层含义。将自由理解为设计，其重要性有两点。首先，它让我们意识到其他那些社会，由于它们缺乏支持我们自身对自由认知的概念性结构，对自由及其重要性的认知也将会不同。其次，它促使我们在自己的系统中衡量过度和不足。

正如我们所看到的，自由的体制不可能在一个知识匮乏或一个环境贫瘠的社会中出现，它也不可能在一个由公司主导的国家中发挥效用。因为对自由的保护有赖于强大的教育系统以及使环境得以持续发展的经济，并且由于这些恰恰是我们这一民主的薄弱环节，所以它们急需关注。无论是自由还是民主，都不可能在一个凌驾于法律之上并对任何人都不负责的公司中持续，因此，我们必须终结公司霸权。我们都知道，自由始终受到低级趣味和蹩脚评判的攻击，但是我们可以改正错误，不让自己继续成为粗劣设计的受害者。

综上所述，我们也许可以很好地重塑自由的形象，从一个奢侈的或者与生俱来的形象，转变为创意工作的必要条件。自由这个思想本身被很多人钟爱，同时也被很多人剥削，如果它不拥护设计的自由，将会是何等荒谬。

致谢

特此感谢以下诸位在本书写作过程中给予的慷慨帮助，付出的宝贵时间。米歇尔·鲁宾［Michele Rubin］，威廉·弗鲁赫特［William Frucht］，玛丽·帕斯蒂［Mary Pasti］，克里斯蒂娜·塔克［Christina Tucker］，杰里·赫什伯格［Jerry Hirshberg］，戴维·罗滕伯格［David Rothenberg］，查尔斯·马斯卡廷［Charles Muscatine］，理查德·本德［Richard Bender］，约翰·帕尔曼［John Parman］，埃里克·拉布雷克［Eric Labrecque］，马特·泰勒［Matt Taylor］，盖尔·泰勒［Gail Taylor］，托德·约翰斯顿［Todd Johnston］，海伦妮·戈利［Helene Golay］，雷伊·舍曼［Ray Sherman］，杰克·休梅克［Jack Shoemaker］，汤姆·艾伦［Tom Allen，悼念］，戴维·麦金利［David McKinley］，茱莉亚·博尔顿·霍洛韦［Julia Bolton Holloway］，贺曼·米勒公司，锡耶纳国立美术馆，曼图阿德泰宫，丘吉尔遗产基金会，以及一如既往地，我要感谢我的妻子，迈克拉·帕舍·格鲁丁［Michaela Paasche Grudin］。

DESIGN AND TRUTH by Robert Grudin

责任编辑：孙丽英
执行编辑：王　怡
责任校对：杨轩飞
责任印制：娄贤杰

特约编辑：余梦娇　苏　本
装帧设计：苗　倩
内文设计：龚碧函

图书在版编目（CIP）数据

设计与真理 /（美）罗伯特 · 格鲁丁著；袁璟译
.-- 杭州：中国美术学院出版社，2018.10
ISBN 978-7-5503-1469-6

Ⅰ. ①设… Ⅱ. ①罗… ②袁… Ⅲ. ①设计一艺术社会学一研究 ②政治哲学一研究 Ⅳ. ① J0-05 ② D0-02

中国版本图书馆 CIP 数据核字 (2017) 第 197115 号

设计与真理
[美] 罗伯特 · 格鲁丁　著　　袁璟　译

出 品 人：祝平凡
出版发行：中国美术学院出版社
地　　址：中国 · 杭州市南山路 218 号　邮政编码：310002
网　　址：http://www.caapress.com
经　　销：全国新华书店
制　　版：北京大观世纪文化传媒有限公司
印　　刷：山东鸿君杰文化发展有限公司
版　　次：2018 年 10 月第 1 版
印　　次：2018 年 10 月第 1 次印刷
印　　张：8.25
开　　本：880mm × 1230mm　1/32
字　　数：112 千
书　　号：ISBN 978-7-5503-1469-6
定　　价：59.00 元